LTr

O SISTEMA RECURSAL TRABALHISTA BRASILEIRO

JORGE EDUARDO DE SOUSA MAIA

Sub-procurador Geral do Trabalho, Mestre em Direito — Direito das Relações Sociais pela Pontifícia Universidade Católica de São Paulo, ex-Professor da AEUDF de Direito Processual do Trabalho, ex-Secretário Geral do Tribunal Superior do Trabalho, ex-Assessor de Ministro do Tribunal Superior do Trabalho. Agraciado com a Ordem do Mérito Judiciário do Trabalho no grau de comendador pelo Tribunal Superior do Trabalho.

O SISTEMA RECURSAL TRABALHISTA BRASILEIRO

LTr

70 anos

2006

Dados Internacionais de Catalogação na Publicação (CIP)
(Câmara Brasileira do Livro, SP, Brasil)

Maia, Jorge Eduardo de Sousa

O sistema recursal trabalhista brasileiro / Jorge Eduardo de Sousa Maia. — São Paulo : LTr, 2006.

Bibliografia.
ISBN 85-361-0718-9

1. Direito do trabalho — Brasil 2. Direito processual do trabalho — Brasil 3. Justiça do trabalho — Brasil 4. Recursos (Direito) — Brasil I. Título.

05-6727 CDU-347.955:331(81)

Índice para catálogo sistemático:

1. Brasil : Recursos : Direito processual do trabalho
347.955:331(81)

(Cód. 3188.1)

LTr

EDITORA LTDA.

Rua Apa, 165 — CEP 01201-904 — Fone (11) 3826-2788 — Fax (11) 3826-9180
São Paulo, SP — Brasil — www.ltr.com.br

Maio, 2006

DEDICATÓRIA

A DEUS que me proporcionou a sublimação da razão.

A JESUS e aos anjos, sempre presentes em minha vida, que me levaram pela mão, bem junto dos Pórticos da Justiça.

À memória de meus pais e do Ministro Orlando Teixeira da Costa que iluminaram meus caminhos.

A Adelaide Serôdio pela dedicada colaboração.

A meu filho Rommel Jorge e a minhas netas Maria Eduarda e Vitória, antes de tudo, a extensão da minha vida.

ÍNDICE

NOTA DO AUTOR

O presente livro estuda "O Sistema Recursal Trabalhista Brasileiro" objetiva contribuir fundamentalmente com a celeridade e eficiência de uma Justiça Social que atenda verdadeiramente a empregados e patrões.

A abordagem dos pressupostos recursais de todos os recursos possibilitará certamente aos futuros bacharéis a avaliação minuciosa das dúvidas mais constantes da sua interposição, por aqueles que trilharão pelos caminhos do Direito Especializado.

A avaliação do sistema e a proposta efetiva de uma simplificação do processo de prestação jurisdicional, com repercussão favorável ao erário público pela simplificação do mesmo, possibilitarão reflexões que poderão contribuir certamente para a melhoria da Justiça do Trabalho que já foi o melhor modelo no nosso País naquilo que o Estado prometeu com a entrega eficiente da prestação jurisdicional.

APRESENTAÇÃO

Concebido para ser procedimento célere de solução dos conflitos envolvendo o capital e o trabalho, o processo do trabalho, por uma série de razões, foi-se tornando, principalmente nos maiores tribunais trabalhistas, e na instância superior, o Tribunal Superior do Trabalho, meio moroso de composição.

De um lado, o crescimento vertiginoso dos conflitos de interesse submetidos à jurisdição trabalhista impôs o aumento de sua estrutura, mas sem que isto tenha conseguido evitar a demora na prestação jurisdicional. De outro, somando ao primeiro, não obstante os procedimentos trabalhistas ainda primem em parte pela celeridade, pode-se sem dúvidas afirmar que, se esta é uma característica típica, é de seu primeiro momento, o conhecimento pela primeira instância, não se repetindo durante a fase recursal, nem na execução.

Tratando de um desses momentos em que a celeridade não existe, é fato que tem o processo do trabalho sistemática recursal que autoriza a morosidade e que, seguramente, vai bem além do que se considera necessário para a garantia do direito da parte de ter, ao menos uma vez, o reexame de decisão que lhe é desfavorável.

Na sistemática recursal trabalhista, observe-se, temos dois recursos de natureza especial, que vão além do duplo grau de jurisdição: o recurso de revista e o recurso de embargos.

Mais, temos verdadeira permissividade para seu uso, com pressupostos para sua admissibilidade e conhecimento que fazem com que o número de vezes em que os recursos de revista e de embargos sejam utilizados, com êxito, sejam muito superiores à sua real necessidade de existência: velar pela correta aplicação do ordenamento jurídico estatal federal, e permitir que o Direito do Trabalho, que é em parte nacional, tenha também interpretação uniforme nacionalmente.

Essas questões, todavia, são de todos conhecidas. Por causa disso, diversas tentativas já foram feitas, no sentido de dotar a Justiça do Trabalho de meios de fazer com que suas decisões voltem a ser céleres. As comissões de conciliação prévia e a adoção do procedimento sumaríssimo são exemplos desse esforço.

Ocorre que, com o que já foi feito, não temos ainda resultados animadores.

Jorge Eduardo de Sousa Maia, com quem tenho fraternal amizade, aproveitando sua larga experiência no campo do processo do trabalho, como professor e Subprocurador-Geral do Trabalho, decidiu-se por fazer parte desse esforço. E o fez com raro brilhantismo.

Profundo conhecedor do sistema, por ter atuado por longos anos no Tribunal Superior do Trabalho, o que lhe deu a experiência prática, mas também por ser estudioso da matéria, o que alia à prática mencionada a indispensável sustentação teórica, resolveu apresentar proposta que solucionasse os entraves à celeridade processual decorrentes de nossa, como já dito, permissiva sistemática recursal.

Essa proposta, que agora apresento, é conveniente ressaltar, já foi objeto de análise profunda a quando de sua defesa perante Banca Examinadora na Pontifícia Universidade Católica de São Paulo, formada pela Professora *Haydée Maria Roveratti,* sua orientadora, pelo Professor *Pedro Paulo Teixeira Manus,* e por mim, tendo obtido pleno êxito.

No estudo, *Jorge Eduardo*, depois das noções indispensáveis à compreensão da matéria, quando trata, de forma completa, da Justiça do Trabalho, dos princípios recursais, e dos recursos no processo do trabalho, momentos em que oferece ao leitor os conhecimentos necessários à compreensão da proposta que lança, envereda pela uniformização da jurisprudência nos tribunais trabalhistas, extraindo daí a substância que vai dar origem à alteração na sistemática dos recursos especiais trabalhistas que propõe.

É que, na visão de *Jorge Eduardo*, agindo os Tribunais Regionais no sentido de uniformizar sua jurisprudência, como determina a lei, pode-se reordenar o recurso de revista, no tocante à uniformização da jurisprudência, para somente admitir o cabimento do recurso, no caso deste pressuposto intrínseco, quando tratar "da interpretação dada à lei na uniformização de jurisprudência entre Tribunais Regionais do Trabalho, ou contrárias à orientação jurisprudencial consagrada pela Súmula da Jurisprudência do Tribunal Superior do Trabalho".

Com isso, seguramente teríamos drástica redução no número de recursos de revista, permitindo ao Tribunal Superior do Trabalho ter funcionamento que garantiria maior celeridade à tramitação dos feitos sob sua responsabilidade.

Propõe ainda *Jorge Eduardo*, como conseqüência da primeira alteração, a sumária supressão do recurso de embargos de divergência, por vislumbrar seu esvaziamento e falta de objeto.

Mais que tudo, acredita *Jorge Eduardo* que tais alterações levariam, até, a tornar desnecessária a elevação do número de membros do Tribunal Superior do Trabalho, pois o serviço tornar-se-ia, então, humanamente possível aos Ministros da Corte, o que não ocorre hoje, pelo número mais que excessivo de recursos a enfrentar.

Como se vê, trata-se de pesquisa séria, feita por conhecedor da matéria, sendo relevante sua publicação e leitura, a qual, com toda a certeza, recomendo.

Belém-PA, janeiro de 2006.

José Cláudio Monteiro de Brito Filho
Doutor em Direitos das Relações Sociais (PUC/SP). Professor Adjunto III da UFPA. Procurador Regional do Trabalho.

ALGUMAS CONSIDERAÇÕES PRELIMINARES

O Poder Judiciário tem empreendido um esforço incomensurável para atender os jurisdicionados, procurando, de alguma forma, minimizar os efeitos do clamor social que, em algumas oportunidades, tem sugerido a extinção da Justiça do Trabalho, em razão das estatísticas dos Tribunais Especializados revelarem um número considerável de recursos aguardando julgamento.

Esse fato, associado à contínua e crescente remessa de processos, feita diariamente aos Tribunais do Trabalho, obrigando o Tribunal Superior do Trabalho a ter de alugar prédios como depósito e sem poder julgá-los, permite concluir que há algo absolutamente necessário a realizar ainda, para melhorar o sistema recursal trabalhista.

Os recursos têm provocado, na história do Direito de um número considerável de povos, grandes celeumas, pois a sua utilização indiscriminada acaba por abalar a paz social, pela delonga na solução dos litígios e, por outro lado, sua restrição acaba sujeitando o jurisdicionado aos perigos da tirania e da improbidade.

A globalização tem promovido a justiça mínima, abraçando a técnica moderna de evitar a perpetuidade dos feitos nos Tribunais, com a restrição de recursos e instâncias.

O corporativismo, leis preparadas por economistas e outros aspectos culturais, também, têm contribuído, em muito, para elevar a resistência à decisão única, assoberbando todos os Tribunais do País, inclusive os trabalhistas.

Seria profundamente injusto acusar-se única e exclusivamente o Poder Judiciário pelo retardamento dos feitos, em razão do expressivo número de recursos aguardando julgamento. Um número indescritível de fatores, que nada têm a ver com o Poder Judiciário, interfere no seu funcionamento, representando uma ameaça constante a todo o sistema e ao próprio estado de direito.

Com relação ao primeiro aspecto, valeria apenas lembrar um exemplo simples, a justificar a afirmação, e que se relaciona com a interposição do recurso extraordinário para o colendo Supremo Tribunal Federal.

Depois do recurso extremo ser protocolizado no Juízo de Admissibilidade *a quo*, o Presidente do Tribunal Superior do Trabalho dará vista ao recorrido, para oferecer razões de contrariedade e, só depois de decorrido esse prazo legal, é que proferirá despacho, admitindo-o, ou não.

Esse procedimento, realizado em observância a previsão legal, a quem pode aproveitar? É fácil concluir, mas, *data maxima venia*, ao beneficiar alguém acaba atentando contra o Princípio da Celeridade, impondo ao recorrido o ônus da contratação de um advogado, sem grande utilidade e pago para oferecer razões de contrariedade a recurso que, por certo, terá o trâmite obstaculizado.

É muito fácil assim concluir; basta, para tanto, que se leve em consideração a simples avaliação estatística dos dados, fornecidos pelo Tribunal Superior do Trabalho, para comprovar que o número de recursos extraordinários admitidos anualmente naquela Corte é infinito e incomparavelmente inferior ao número de recursos interpostos.

Se o Legislativo vem sendo surpreendido pelo Executivo com "soluções inesperadas", pelos caminhos de uma economia em constante sobressalto, o Poder Judiciário é, sem dúvida alguma, a maior vítima de todo esse "arrastão" que se desenvolve a partir da edição de medidas provisórias, que têm atingido todo o País.

Para corroborar essa afirmação, basta lembrar os efeitos nefastos que os diplomas legais, concernentes aos denominados Planos Salariais, trouxeram à Nação. As repercussões da Economia na área do Direito por uma via legislativa, pouco compatível com o Estado de Direito, são também as grandes responsáveis pela avalanche de recursos que ainda abarrotam os nossos Tribunais. Portanto, não se atribua à Justiça do Trabalho o ônus por aquilo que ela não pode e não deve ser responsabilizada sozinha.

Não há como deixar de lamentar que algo entranhado na nossa cultura tenha levado uma grande maioria dos jurisdicionados a concluir que, regra geral, a sentença única não significa o acerto da justiça ou a melhor decisão.

A *provocatio* dos romanos contaminou a nossa cultura e nos faz resistir à sentença única, levando-nos a crer que tudo o que é submetido ao Poder Judiciário, em primeiro grau, deve ser alvo de revisão.

Recorre-se simplesmente pela emulação de recorrer e, com isso, impõe-se um elevado ônus ao Estado, bem como prejuízos incalculáveis ao hipossuficiente, e submete-se o próprio Estado de Direito a riscos desnecessários, pois a eficiência e a qualidade do Poder Judiciário estão direta e necessariamente relacionadas com o volume de processos.

A demora na solução dos feitos submetidos aos Tribunais do Trabalho é temática que tem sido muito explorada dentro da crise do Poder Judiciário mas, quase sempre, sem o menor compromisso de promover aquilo que o Estado prometeu com a prestação jurisdicional.

Se, por um lado, as mais recentes alterações introduzidas no campo legislativo trabalhista demonstram a necessidade de encontrar caminhos para um Poder Judiciário mais eficiente, por outro, o dia-a-dia nos revela que as soluções encontradas, para viabilizar a crise em que o País se encontra mergulhado, demonstram uma artificialidade incompatível com a magnitude dos problemas.

A Justiça especializada, ao ser alvo das críticas que lhe têm sido dirigidas por todos os setores da sociedade, não conseguiu passar incólume à mais dura, e também à mais verdadeira, que é a morosidade na entrega da prestação jurisdicional.

Quando se fala em morosidade do Judiciário, há sempre uma certa complacência que parece remontar às nossas origens históricas e que encontra esteio também em outros paradigmas com realidades sociais bastante diversas da nossa.

A Justiça social, no entanto, não pode permanecer indiferente a essa tolerância por motivos relacionados com a razão da sua própria existência. O bem que se busca em juízo é salário e salário significa pão para qualquer família.

Mas o quê vem impedindo que a Justiça do Trabalho continue sendo um modelo de orgulho nacional que, pela rapidez da prestação jurisdicional, chegou a inspirar a busca de caminhos para o modelo da Justiça comum, muito mais eficiente nos nossos dias em termos de celeridade?

O quê está impedindo o fim do processo e ensejando o prolongamento de contendas com valor econômico pouco representativo para alguns patrões, mas de significado tão expressivo para o hipossuficiente?

O processo, que era e deve ser o instrumento para pôr fim às lides, tornou-se um obstáculo para que as mesmas encontrem o seu termo final, provocando uma verdadeira subversão e impedindo, ao mesmo tempo, que se cumpra aquilo com que o Estado acenou na prestação jurisdicional.

Há o reconhecimento expresso de que os processos demoram tempo excessivo até que haja uma solução dos conflitos. E essa demora pode ser considerada a partir da avaliação da própria natureza das parcelas que são postuladas em juízo, de natureza alimentar.

A solução dos conflitos individuais do trabalho merece um tratamento muito mais eficiente, pois o legislador pátrio sempre concedeu atenção especial às ações que envolvem pedidos de natureza alimentar.

O que já se deveria ter procurado promover, de forma obstinada, é a identificação de fatores que atravancam a prestação jurisdicional e que têm relação íntima com o excessivo número de ações pendentes de trânsito em julgado.

Quando se fala em rapidez, deve-se levar em consideração o tempo que um processo leva até se encontrar solução. Magistrados do Trabalho do Rio Grande do Sul, *Luiz Alberto de Vargas* e *Ricardo Carvalho Fraga*, consideram que:

> "Esse período em média demora um ano na primeira instância e período superior a esse, nos julgamentos dos recursos ordinários".[1]

Mas não dizem qual é a demora aproximada desse período, embora reconheçam que o mesmo é excessivo, dada a natureza dos bens em disputa.

Octavio Bueno Magano reconhece que:

> "Na área trabalhista, a tardança corresponde, em média, a cinco anos".[2]

Esses períodos, tidos como extremamente morosos e que tanto têm feito os Poderes Judiciário, Executivo e Legislativo refletirem em busca de soluções mais eqüânimes — embora estejam, evidentemente, associados a todo um outro contexto que ajudou a deflagrar a crise do Poder Judiciário — ecoam como alarmes sociais de um momento profundamente grave que a sociedade vive e que não pode deixar de ser avaliado dentro do volume de recursos nos Tribunais Regionais do Trabalho e especialmente no Tribunal Superior do Trabalho.

Não vai aí qualquer crítica ao princípio maior do duplo grau de jurisdição, facultado inclusive às partes pela legislação consolidada numa forma tão singela, mas precisa ser considerado sempre que a resistência à revisão das decisões deve operar-se dentro de limites lógicos e racionais e com a finalidade de se promover a justiça.

---

(1) VARGAS, Luiz Alberto; FRAGA, Ricardo Carvalho. "Fatos e Jurisprudência — Reflexões Iniciais". *Revista Síntese Trabalhista*, n. 123, 9/1999, p. 116 -127.

(2) MAGANO, Octavio Bueno. "Crise no Judiciário de Direito do Trabalho". *O Estado de São Paulo*. Caderno de Economia, 19.5.1997, p. B-2.

O debate em torno da revisão das decisões trava-se desde épocas imemoriais e, lamentavelmente, ainda hoje, os adeptos da não-revisão continuam indenes às críticas mais severas, em face do descalabro existente.

O que acaba induzindo a fazer reflexões sobre a avaliação do sistema recursal é o manifesto retardamento das ações judiciais em curso, pelo elevado número de processos em grau de recurso, represados nos Tribunais e, especialmente, no Tribunal Superior do Trabalho.

No Tribunal Superior do Trabalho, em 2002, foi realizada a distribuição entre os senhores ministros daquela Corte de 139.601 (cento e trinta e nove mil, seiscentos e um) processos em grau de recurso de revista.

Se o elevado número de processos armazenados no Tribunal Superior do Trabalho consegue impressionar os adeptos das soluções mais mirabolantes da Justiça social, como a elevação constitucional da composição do Tribunal Superior do Trabalho, a proclamação do fim dos Tribunais do Trabalho também é a solução que empolga a outra corrente que, com soluções mais simples, exibe, com a magia da economia e na ponta do lápis, apenas o cálculo do custo dessa Justiça.

Por simples operação matemática se haverá de chegar a conclusões pouco animadoras. É fora de dúvida que o ato — além de revelar a coragem e a determinação da cúpula do Judiciário trabalhista, em poder contribuir de alguma forma para a solução dos problemas — mostra a quanto sacrifício todos os magistrados do trabalho, diga-se, sem exceção, têm sido submetidos, sem que, neste caso, se ouçam os alardes da imprensa.

Mas são inúmeras as situações que resultarão dessa distribuição e que não trarão benefícios maiores às partes interessadas. Quando é que esses processos, que se arrastam há anos pelos Tribunais, possibilitarão aos empregados perceberem o que lhes é devido?

Desses mais de cem mil recursos, quais os desdobramentos em termos recursais, que repercutirão dentro do próprio Tribunal Superior do Trabalho? Ou seja, quantos recursos serão ainda interpostos contra os acórdãos que vierem a ser proferidos?

Quando é que esses cem mil processos serão julgados? Ainda que os magistrados possam contar com equipe de assessoramento, contribuindo para o apoio judiciário no julgamento, quanto tempo será gasto em torno, por exemplo, do simples visto do ministro nesses cem mil processos?

E quanto tempo haverá de ser despendido nas assinaturas dos acórdãos originados do julgamento desses processos? E os demais processos, que estão em grau de recurso por todos o País e que chegarão diariamente à última instância da Justiça do Trabalho, enquanto os cem mil forem processados?

Esses processos, ao serem estudados e julgados, evidentemente não poderão ser submetidos a julgamentos arquitetados na simplicidade, que não guarda compromisso com a eficiência, pois, como é sabido, a pressa é sempre a maior inimiga da perfeição.

O julgador consciente sabe de quanto tempo precisa para exercer a magistratura.

Esse tempo, na sua vida, vincula-se necessariamente a outras atividades relacionadas com a atividade-fim, que não envolve somente o estudo do processo.

A Justiça do Trabalho, tão criticada em nossos dias, pode cumprir a sua missão constitucional, desde que a sistematização dos recursos venha a viabilizar, com maior desenvoltura, o trânsito em julgado das suas decisões primárias, libertando-se das amarras que entulharam os tribunais de processos.

A celeridade na resolução dos conflitos entre capital e trabalho, nas ações individuais e coletivas, necessariamente deve retornar ao que era no princípio, para que a Justiça obreira volte a desfrutar a confiança que a distinguiu, por longo tempo, dos demais ramos do Poder Judiciário.

Dissertar sobre o sistema recursal trabalhista é, portanto, o desafio do presente estudo, que ora se inicia, e que tem como norte o rigor técnico e científico, que poderá propiciar o encontro de caminhos iluminados pela luz que a nossa sociedade e a Ciência tanto querem ver escandescida.

1. *SISTÊMICA*

Poderá parecer inoportuno começar por fazer referência à morosidade, logo no início da abordagem sistêmica; mas, como a finalidade do estudo dirige-se, fundamentalmente, para a avaliação do sistema recursal dentro de uma perspectiva de avaliação da "morosidade legal", essa necessidade aflorou como uma decorrência lógica da concatenação das idéias.

A questão da morosidade na prestação jurisdicional tem sido objeto de grandes debates públicos em todos os países desenvolvidos no mundo, notadamente pela tentativa de edificar a qualidade da cidadania que só será implementada integralmente com a garantia plena de todos os direitos do cidadão.

O Brasil, evidentemente, também não escapou ao debate e, dentro do contexto da reforma do Poder Judiciário, anunciada nestes últimos anos pelas manchetes levadas com mais constância aos noticiários, há a informação de uma movimentação dos operadores de direito, nesse sentido, e a sinalização desse espaço pela eclosão de algumas propostas que indicam essa preocupação.

A lentidão da justiça não tem merecido o beneplácito da população em todos os níveis sociais, mesmo entre os mais esclarecidos, uma vez que a sociedade está saturada, compreensivelmente, de justificativas incompreensíveis.

Não é possível explicar — e, afirme-se, é menos certo ainda poder compreender — a gama de justificações encontradas para o porquê dos processos se eternizarem nos Tribunais.

Apenas para comprovar essa afirmação, está um exemplo máximo da lentidão que poderia ilustrar o critério da "morosidade injustificável" e que repugna a consciência de qualquer operador de direito: a Ação de Cumprimento n. 00517-1972-004-10-00-3 foi ajuizada em 7 de dezembro de 1972, perante a 4ª Junta de Conciliação e Julgamento de Brasília, para cumprimento de cláusula da sentença coletiva — Acórdão TST n. 1.030/71 — proferida nos autos do Dissídio Coletivo RODC 1030/71.

São partes nesse processo o Sindicato dos Empregados em Estabelecimentos Bancários de Brasília, representando mil quinhentos e cinqüenta e cinco empregados associados, e outras cinqüenta empresas de crédito e estabelecimentos bancários, entre os quais figuram grandes bancos, como o Banco do Brasil. Decorreram mais de 30 anos sem que a dívida fosse paga e com a sentença coletiva, proferida pelo Tribunal Superior do Trabalho, ainda por cumprir.

O resultado disso é catastrófico e de repercussões sociais "indizíveis", pois um número significativo de associados já morreu, projetando-se o feito com habilitações constantes até sabe-se lá quando.

E esse processo tem servido de modelo à imprensa para tornar público um dos exemplos mais contundentes de morosidade. Lamentavelmente, haverá muitos outros similares, que se poderiam somar a esse paradigma e que repelem qualquer tentativa de justificação válida da lentidão.

Talvez, para a superação desse grave problema da sociedade moderna, os possíveis sinalizadores sociais possam dar o tom de alerta, que vem chamando a atenção dos cientistas sociais.

A eficiência e a rapidez da prestação jurisdicional, em momento algum, podem ou devem representar uma ameaça à segurança e à tutela dos direitos mais elementares do cidadão, como aqueles que têm a ver com alimentos, ou, com muito mais razão, devem ser um estigma para aqueles que se apresentam mais complexos e que também têm a ver com a sobrevivência do próprio estado democrático, que nada mais é que a ordem jurídica resultante de determinação constitucional.

A morosidade é questão que não pode ser avaliada de forma objetiva, pois se apresenta de forma diversa, merecendo análise pelo respectivo e correspondente critério.

Boaventura de Sousa Santos identifica-a em vários tipos, como

"necessária e legal; pré-judicial e pós-judicial; endógena e funcional".[1]

E, ao lançar mão da fórmula elaborada por *Clark e Merryman*, para medir a morosidade processual, lembra que, por meio da mesma,

> "nunca poderemos apreender e explicar, na sua essência, o fenômeno de morosidade judicial. No entanto, tem a virtude de permitir alguma comparação, durante um longo período, da morosidade média do sistema judiciário".[2]

---

(1) SANTOS, Boaventura de Sousa. *Os Tribunais nas Sociedades Contemporâneas: o Caso Português.* Lisboa: Edições Afrontamento, p. 390.
(2) SANTOS, Boaventura de Sousa. Ob. cit., p. 390.

A fórmula, embora não permita a explicação da essência, é extremamente interessante por propiciar, com um mesmo avaliador, a mensuração das diferenças que se apresentam em cada Região do País, ou permite até mesmo a comparação com estatísticas obtidas em países diversos.

A fórmula é a seguinte:

$$D = \frac{Pt+Ft}{Jt+Wt} - 1$$

"*D* representa o número de anos de duração do processo; *Pt* o número de processos pendentes do ano; *Ft* o número de processos entrados no ano *t*; *Jt* o número de processos objecto de sentença no ano *t*; e *Wt* o número de processos de alguma forma terminados no ano *t*".[(3)]

Apenas para melhor avaliar o caso, é interessante, no presente estudo, levar em consideração a idéia do que possa ser verdadeiramente morosidade.

Não seria possível, aqui e em espaço tão curto, delinear com rigor conceitual qual o tempo ideal, suscetível de poder caracterizar a morosidade ou a lentidão, mas, em verdade, para fazê-lo de uma forma mais simples, podemos compreendê-lo entre o período de tempo em que o processo está sujeito à obediência dos prazos e atos judiciais, regularmente, desde o início da ação judicial, ou não, até o momento em que se cumpre a decisão judicial e ocorre o término do feito, com o conseqüente arquivamento dos autos.

Com essa definição singela, e de forma inadvertida, se acabou delineando por princípio uma lentidão que tem a ver com a própria morosidade "legal". Mas, como já se afirmou anteriormente, a morosidade apresenta, segundo *Boaventura Sousa Santos*, vários tipos. A morosidade pré-judicial, por exemplo, caracteriza-se pelo período em que as partes entabulam negociações ou procuram a composição por meio da mediação.

O nosso ordenamento constitucional determina que, antes do ajuizamento de qualquer dissídio coletivo, as partes busquem esgotar a negociação coletiva ampla e de forma exaustiva. A tentativa de esgotar a conciliação, como se observa, é requisito para o ajuizamento da ação coletiva e paradigma que ilustra bem uma forma de morosidade pré-judicial.

---

(3) SANTOS, Boaventura de Sousa. Ob. cit., p. 390.

A morosidade pós-judicial opera-se no período em que se cumprem acordos. Por exemplo, o prazo em que se realiza o pagamento de prestações de uma dívida, relacionada com um acordo formulado em juízo, tem a ver com o período em que a obrigação está sendo cumprida, caracterizando, portanto, esse tipo de morosidade.

A morosidade da prestação jurisdicional, pela obediência ao cumprimento dos prazos judiciais, é a morosidade "legal", ou seja, aquela que é imposta pelo ordenamento legal, para viabilizar o processamento do feito.

Já a morosidade "necessária" é a que resulta da duração do processamento da demanda que, necessariamente, guarda compatibilidade com a eficiência do órgão judicial e a tutela dos interessados no deslinde do processo.

Para obter um conceito mais sucinto de morosidade ideal, se deveria ter como ponto de partida a junção dos conceitos de morosidade "legal" e morosidade "necessária".

Evidentemente, é a morosidade "legal" que serve de "justificativa" para mascarar uma infinidade de atrasos, porque se reveste de algo bastante precioso, que é a própria legalidade.

A lentidão legal tem relação com a análise muito mais profunda de outras morosidades, perfeitamente distintas, e dentre as quais estaria a morosidade "*endógena*" ao sistema e contrária aos interesses das partes em litígio; e

> "a '*funcional*' que tem a ver com os interesses de ambas as partes, ou de uma parte em detrimento da outra. A morosidade *endógena* pode ser endêmica ao sistema, na medida em que decorre do volume de serviço e/ou das rotinas adquiridas, ou pode ser provocada por negligência dos magistrados, funcionários ou outros, assim como dos peritos ou policiais. Por sua vez, a morosidade *funcional* é, obviamente, sempre provocada por uma das partes ou em seu nome em defesa dos seus interesses."(4)

Considerando que o presente estudo se direciona à análise do sistema recursal, com a finalidade de avaliar a morosidade legal, resultante da aplicação dos institutos jurídicos, que refletem na prestação jurisdicional na Justiça do Trabalho, não há como não prestar atenção especial, ainda que breve, ao próprio conceito de sistema, sua organização e suas relações.

A análise do sistema de recursos no processo trabalhista nos conduz naturalmente ao conjunto dos recursos existentes no direito pro-

---

(4) SANTOS, Boaventura de Sousa. Ob. cit., p. 402.

cessual, com um sentido mais amplo da própria organização e, portanto, em conformidade com uma expectativa da própria expressão sistêmica.

É bem conhecida da ciência dos sistemas sociais a dificuldade para encontrar conceitos precisos de sistema, em razão da sua vasta extensão.

A sociologia tem considerado que a produção de novos conceitos-chaves e obstáculos da epistemologia foram, sem dúvida, os grandes responsáveis por essa evolução pela qual o conceito passou, ao longo do tempo.

Pode-se, em princípio, afirmar que sistema é tudo o que tem ampla abrangência, existe, é complexo e dotado de organização. Pode parecer estranho trazer para a área do Direito Processual do Trabalho conceitos elaborados pela Sociologia, para tecer considerações sobre o sistema recursal trabalhista, mas a preocupação com a unificação surgiu na própria teoria dos sistemas, revelada exatamente pela necessidade de investigar as conexões possíveis entre múltiplas disciplinas.

A autonomia da especialização de algumas disciplinas provocou, evidentemente, uma evolução extraordinária e surpreendente, nos domínios da investigação, mas, ao mesmo tempo e de forma perigosa, proporcionou, também, uma autonomia que põe em risco essa continuidade.

O "Princípio da Unificação" tem sido utilizado, nos vários tipos de metodologia, com o objetivo de alcançar o conhecimento.

> "Trata-se, em suma, de apanhar, por detrás das particularidades dos diversos domínios apreendidos, os aspectos comuns que os aparentam, ao nível dos conceitos fundamentais e dos seus modos de junção na expressão, na formalização, dos conhecimentos. Como facilmente se reconhecerá, esse é um dos objetivos essenciais da teoria dos sistemas. A teoria dos sistemas e as investigações interdisciplinares surgem, pois, de facto, estreitamente ligadas".(5)
>
> "A palavra sistema, na sua significação mais extensa, atende a uma totalidade composta de várias partes. O uso posterior da expressão agregou a idéia de totalidade construída de conglomerado no sentido de ordem de organização".(6)

---

(5) DELATTRE, Pierre. *Teoria dos Sistemas e Epistemologia*. Lisboa: A Regra do Jogo, 1981, p. 11.

(6) BARROS JÚNIOR, Cássio de Mesquita. "Sistema de Recursos no Processo do Trabalho". *Revista LTr*. Vol. 54, n. 9, 1990, p. 1.062.

Sistema, segundo *Bresciani Filho* e *D'Ottaviano*, pode ser

> "uma entidade unitária, de natureza complexa e organizada, constituída por um conjunto não vazio de elementos ativos, que mantêm relações com características de invariância no tempo, que lhe garantem sua própria identidade. Nesse sentido, um sistema consiste num conjunto de elementos que formam uma estrutura, a qual possui uma funcionalidade".(7)

A oportunidade de apresentar várias definições surge em destaque em alguns estudos mais especializados e profundos.

Jarbas Maciel enfrenta, por exemplo, a necessidade de avançar em duas definições. Uma interna, como sendo

> "o conjunto de elementos quaisquer ligados entre si por cadeias de relações, de modo a constituir um todo organizado."(8)

Para dar relevo ao caráter interdisciplinar da Teoria Geral dos Sistemas, devem ser colocados em evidência, nessa definição, os conceitos fundamentais de conjunto, elemento, relação, todo e organização.

O autor enfatiza os últimos dois conceitos lembrando que os mesmos suscitam alguns dos problemas filosóficos e científicos de maior amplitude instigando pesquisas científicas de alcance muito mais profundo.

Pela definição externa considera que

> "um sistema é concebido como um todo organizado, dinamicamente relacionado com o meio exterior (isto é, continuamente sujeito a mudança) e que apresenta, em qualquer momento, um determinado modo de ação ou comportamento."(9)

Nessa definição, o autor destaca a necessidade de enfrentar os conceitos de mudança e modo de ação. Relaciona na mudança elementos essenciais apresentados pela cibernética — ciência que analisa o estudo do controle e da comunicação no homem e na máquina — , como operador, operando, transformada, transição, transformação, processo, desenvolvimento e evolução.

Os sistemas estão intimamente voltados para uma ordem. Um sistema é composto de partes, ou componentes, ou elementos, e os

---

(7) BRESCIANI FILHO, D' OTTAVIANO. *Conceitos Básicos de Sistema.* Campinas: UNICAMP, 2000, p. 283.

(8) MACIEL, Jarbas. *Elementos de Teoria Geral dos Sistemas.* Rio de Janeiro: Vozes, 1974, p. 15.

(9) MACIEL, Jarbas. Ob. cit., p. 15.

mesmos estão sujeitos a uma certa conformidade. Não há uma justaposição desordenada; ao contrário, as partes se encontram necessariamente em disposição metódica.

Por outro lado, é preciso levar em consideração que os elementos do sistema se relacionam entre si e têm atividades. Para concluir se essas relações são verdadeiramente relações de interação, é necessário que existam elementos que possam encontrar-se. Nas relações dos sistemas, surgem também as relações circulares, que se apoiam no

> "princípio do círculo recorrente, que se identifica por um processo no qual os efeitos de uma relação, ou o produto de um sistema, afeta o processo de produção desse produto, ou, ainda, o estado final de um sistema gera ou modifica o estado inicial desse mesmo sistema, ou ainda mais, os efeitos retroagem sobre as suas causas".[10]

O funcionamento dos sistemas varia de acordo com o seu tipo ou característica. A Sociologia tem dado pouco destaque aos sistemas mecânicos, em razão da simplicidade que se lhes atribui, pois as inter-relações atuam com um inexpressivo grau de liberdade e de comportamento.

À medida que se caminha para outros tipos de sistema, como os sistemas orgânicos e socioculturais, o grau de organicidade se torna profundamente mais complexo.

> "Ao subirmos de nível, as relações das partes se tornam mais flexíveis e a estrutura mais fluida, à medida que se fundem com o processo e aumenta a série de comportamentos alternativos franqueados aos componentes. Enquanto as relações entre os componentes do sistema mecânicos são primordialmente uma função de considerações espaciais e temporais, e de transmissão de energia de um componente ao outro, as inter-relações que caracterizam os níveis mais elevados passam a depender cada vez mais da transmissão da informação".[11]

A Sociologia, ao debruçar-se na pesquisa moderna dos sistemas, constatou que a velha simplificação dos axiomas causais — a exemplo daqueles que, como tudo que tem uma causa, ou causas semelhantes, produz efeitos semelhantes — é demasiadamente simplista. Propôs, então, conceitos de "eqüifinalidade" e "multifinalidade", ou seja,

---

(10) BRESCIANI FILHO; D' OTTAVIANO. Ob. cit., p. 302.

(11) BUCKLEY, Walter. *Sociologia e a Moderna Teoria dos Sistemas.* São Paulo: Cultrix/ Editora da Universidade de São Paulo, p. 76.

de que causas iniciais levam a efeitos finais semelhantes ou a efeitos diversos.[12]

Não há aqui a intenção de aprofundar o estudo dos sistemas. O grau de "sistematicidade" é bastante diversificado e se encontra em toda organização, como é fácil constatar. Dentre os conceitos encontrados em sistêmica, verificamos, entretanto, que o sistema que interessa ao presente estudo é aquele que guarda relação mais íntima com a espécie de organização dos componentes que envolvem relações sistemáticas. É necessário avaliar o conjunto dos elementos que compõem o sistema recursal trabalhista e analisar a relação direta ou indireta de alguns de seus elementos, bem como avaliar as inter-relações que acabam constituindo a própria estrutura do sistema.

Com a atenção voltada para as inter-relações, será possível mensurar, de forma mais fidedigna, as conseqüências de umas sobre as outras. Não basta detectar a presença da causa ou dos efeitos. É necessário adentrar na avaliação das partes do sistema, que interagem de maneira conjunta e impedem, tumultuam ou retardam a própria interação, de forma a proporcionar-lhe a coerência de uma reorganização absolutamente isenta de amarras sentimentais, que poderiam mascarar e impedir a conexão salutar com o estudo científico.

O presente estudo tem por objetivo explorar e descrever variáveis que influenciam aquele tipo de morosidade que vai além da "morosidade legal".

A necessidade de se fazer uma análise conjuntural do sistema recursal trabalhista, em razão do prolongamento dos feitos na Justiça do Trabalho, ensejou a possibilidade de avaliar variáveis essenciais envolvidas nesse contexto: tempo e quantidade de processos em estágios diversos, identificados como variáveis na seguinte situação: recém-chegados, excedentes ao transcurso do ano de entrada, julgados no ano e aqueles em que se proferiu decisão e ainda se encontram pendentes de execução.

Procedeu-se à observação sistemática das variáveis acima relacionadas nos últimos dez anos, com base na leitura de estatísticas publicadas no "Diário Oficial" desse período, que aponta considerável e crescente número de processos, não contemplados pela coisa julgada, por estarem dependentes de julgamento de recurso, revelando um surpreendente e vertiginoso aumento nos últimos três anos.

---

(12) A Sociologia responde ao comportamento do panorama social, incluindo a noção de causa e das funções. Estas questões não estão aqui relatadas e desdobradas, porque não fazem parte do objetivo deste trabalho.

Suspeitando, entretanto, que a morosidade não está relacionada tão-somente à quantidade de processos, nem à quantidade de funcionários, nem à quantidade de recursos, procedeu-se ao exame interno da estrutura do sistema recursal. Por meio de sua decomposição, e mediante comparação entre o componente sistêmico teórico e a sua expressão operacional, seria possível localizar e compreender os pontos de estrangulamento, se existissem, que pudessem ocasionar alongamentos da permanência de um processo no sistema judiciário trabalhista.

Diante da metodologia pensada, faz-se necessário contemplar o interior do sistema recursal, decompondo-o em sua forma, conteúdo e processamento. Este olhar permitiria focar possibilidades no sistema vigente, quer para correção, quer para modificação, enfim, para descobrir os reais motivos da morosidade exacerbada.

2. EVOLUÇÃO HISTÓRICA

2.1. Noções iniciais

A idéia de o homem não se conformar com o que contraria seus interesses e, aparentemente, se lhe apresenta injusto em oposição a seus interesses, já aflora em tenra idade quando, no seio da família, os pais negam ou permitem concessões no exercício da própria autoridade familiar. Essa atitude leva a crer que esse foi o caminho para chegar ao recurso, podendo mesmo afirmar-se que, nessa busca, o ser humano nada mais fez que garantir a integridade de um dos pilares da sua própria personalidade.

O pedido de reconsideração representa, também, uma evidência segura de que o homem sempre procurou manipular, com sensatez, o antídoto para a solução de tudo o que o contraria, talvez como necessidade de preservar a própria existência, pois antes e após os grandes conflitos esse "instinto" evitou sempre males maiores.

A origem da reconsideração dos atos contrários ao ser humano tem a probabilidade muito segura de estar localizada nos primórdios da humanidade, no momento em que o ser humano adquire a consciência.

O nascedouro da organização deve ter sofrido adequações inerentes a cada fase da história da humanidade, quer em sentido amplo ou estrito, e a doutrina em algum momento se referiu à época atual como a de mais esplendor, ou até mesmo de mais eficiência.

Inicialmente, pode até parecer que, do ponto de vista técnico-processual, na sua fase mais primária, esse meio fosse menos organizado, pois há uma tendência de se associar a idéia de mais perfeito à civilização atual. No entanto, essa idéia deve de logo ser afastada, pois a história recente continua a revelar segredos, ainda por desvendar, de civilizações como a egípcia, detentoras de conhecimentos e técnicas, que estão além do conhecimento humano.

A civilização de nossos dias não é comparável a determinadas civilizações da história recente, relacionadas com sociedades em estágio mais primitivo, e tampouco a diversas de períodos anteriores às glaciações; por isso, torna-se difícil imaginá-la como mais evoluída.

O certo é que, quaisquer que sejam as formas, os nomes, os pressupostos do remédio, que o ser humano e a própria humanidade têm utilizado para conciliar a ânsia de justiça, e sua obstinação em lutar contra a prepotência, não deixaram de ter como objetivo precípuo tornar sem efeito a determinação tomada, contrariamente, em qualquer decisão.

É exatamente na manifestação daquele que se rebela contra a possibilidade de que aquilo que foi decidido poderá vir a ser cumprido, que repousa a origem de todo o "ordenamento recursório".

Os "Anciãos", que fizeram parte dos antigos "Conselhos", especiais conselheiros e mestres, pela sabedoria e experiências vivenciadas, também desempenharam, historicamente, um papel preponderante na defesa do ser humano.

Alcides de Mendonça Lima destaca passagens do Êxodo que revelam situações nas quais, à época, sobressai a evidência dos recursos e lembra, com invulgar beleza, do Deuteronômio, cap. 17, uma passagem que desenvolve exatamente tal noção:

> "Se vires que é difícil e ambíguo o teu juízo entre sangue e sangue, entre causa e causa, e entre lepra e lepra, e vires que, dentro de tuas portas são vários os pareceres dos juízes, levanta-te e vai ao lugar que o *Senhor teu Deus tiver escolhido*, e irás ter com os sacerdotes da linhagem de Levi, e com o juiz que nesse tempo for e consultá-lo-ás, e eles te indicarão a verdade do juízo".[(1)]

Não importa, verdadeiramente, a denominação que se lhe deu, ao longo de sua evolução, pois desde os primórdios da sociedade romana, em que se encontra a origem do Direito brasileiro, os meios de impugnar as sentenças existiram como forma de tentar modificar o que foi decidido contra alguém.

Doutrinariamente, alguma tergiversação é encontrada nos primórdios do Direito Romano quanto à existência, ou não, de meios de impugnação mas, em verdade, essa diferença é plenamente justificável porque, à época, a idéia de recurso estava intimamente ligada à apelação, exatamente pelos efeitos que visavam a impedir o cumprimento da sentença. A *provocatio* acabou gerando a *appellatio* imperial. Por meio da primeira, a parte lesada poderia obter a reforma da decisão, enquanto que com a *appellatio* a parte obtinha apenas sua nulidade. Não havia substituição de uma decisão por outra e, portanto, a sentença não produzia qualquer efeito. Registre-se que na doutrina é co-

(1) LIMA, Alcides de Mendonça. *Recursos Trabalhistas*. São Paulo: Revista dos Tribunais, 1970, p. 33.

mum referir-se à *provocatio* como sinônimo de *appellatio*, mas este sentido se aplica somente à que surgiu depois *do* Império.

Também já houve épocas, no período republicano, em que era pouco respeitoso, ou até mesmo "não-político", o ato de se procurar a reforma de uma decisão. Ainda há, em nossos dias, fervorosos adeptos desse desatino.

Por volta de 509 a.C., a apelação passou a ser usada contra a decisão dos cônsules. Com a queda destes e contra o domínio absoluto e opressivo dos decênviros, nova oposição popular se estabeleceu à sentença única. O exército plebeu reclamou e conseguiu o fim das sentenças irrecorríveis.

A Idade Média caracteriza-se pelo período dos mil anos, que adveio após a queda do Império pela invasão e dominação bárbara, quando as decisões provinham das próprias assembléias populares, que tudo resolviam. Ou o litigante oferecia uma proposta de solução à assembléia ou se abria a oportunidade de um juízo de desaprovação.

O presidente da assembléia, portanto, homologava o acordo ou era proclamada a sentença com a aplicação da norma costumeira. O tom místico imperava e com ele nascia a sentença e a lei. O Direito Canônico surge nessa época e, com ele, os recursos sofrem acentuada influência processual.

Embora tenha surgido posteriormente, o Direito brasileiro se originou do Direito lusitano e este, como o de outros povos com origem histórica remota, apresenta elementos impenetráveis nos seus primórdios, pela ausência de dados de pesquisa consistentes, relativos ao início do instituto. Embora esses elementos sejam muito vagos, há corrente doutrinária baseada na afirmação de que:

> "Era costume de nossos Reis, nos primeiros Séculos da Monarquia, visitar quase todos os anos o Reino e administrar justiça aos Vassalos enquanto o permitia a estreiteza e a limitação deste Estado".(2)

Era o momento em que os reis ficavam cientes das "Querimônias dos Vassalos" e tinham a oportunidade de reformar alguma decisão. A legislação geral, no âmbito do Processo Civil português, possivelmente tem início nos antigos Forais de Dom Afonso. Naquela época, a apelação era o único antídoto existente contra as decisões de primeira instância, interlocutórias ou definitivas. Era o recurso de suplicação, conhecido à época como "sopricação". Dom Afonso IV tentou conter um

---

(2) LIMA, Alcides de Mendonça. Ob. cit., nota n. 23, p. 26.

pouco o abuso do direito de recorrer e as Ordenações Afonsinas, Manuelinas e Filipinas apresentaram uma evolução quanto à existência de recursos. Registre-se que não há notícias na legislação sobre o período do reinado de Dom Sebastião, possivelmente por ter sido muito curto. As Ordenações Filipinas vigoraram por mais de 250 anos, um testemunho da sua proficuidade, e obedecidas no Brasil até janeiro de 1917, época em que passou a vigorar o Código Civil Brasileiro. Isso se deve ao fato de o Brasil ter continuado vinculado aos liames jurídicos das Ordenações Filipinas. Por mais que os nossos legisladores e juristas tenham procurado dar à nova legislação um caráter de independência, não há como negar a influência da legislação alienígena. Ainda hoje, ela se faz sentir.

As Ordenações Filipinas contemplaram, basicamente, quatro recursos: apelação, embargos, agravos e revista, facultando, evidentemente, aos vassalos a revisão extraordinária, que dependia tãosomente do arbítrio real.

O primeiro ato legislativo no âmbito processual, conhecido como Disposição Provisória, foi a lei de 29 de novembro de 1832. O Decreto n. 143, de 15 de março de 1842, surgiu em seguida, mas foi tachado de inconstitucional, em razão de haver suprimido agravos que vinham sendo apresentados pelas partes com um certo exagero, maculando a tempestividade da prestação jurisdicional.

O Decreto n. 564, de 10 de julho de 1850, autorizou a manifestação de agravo de qualquer decisão do juiz. A notícia do primeiro recurso de ofício surge com uma lei, em 4 de outubro de 1831.

Nossa emancipação legislativa, como a de todos os povos que estiveram sujeitos à colonização, processou-se de forma gradual, tendo levado algum tempo para libertar-se dos grilhões da legislação colonial que, presentes desde o início, se projetam até nossos dias, por mais de quinhentos anos. Não temos como negar a influência dessa legislação em todos os ramos do Direito.

O Regulamento n. 737 é, sem dúvida, o marco histórico da nossa legislação processual. Como quase tudo o que se inicia com estatura vultosa, foi alvo de elogios, mas também de críticas fervorosas, destacando-se entre essas aquela que proporcionava um desfecho das demandas a longo prazo. Talvez o excesso de recursos contra as decisões interlocutórias tenha sido o maior cúmplice do retardamento na administração judiciária e, conseqüentemente, o vilão dos maiores críticos da lei. Nessa afirmação, releva notar que a crítica se estendeu até nossos dias e, diga-se, a bem da verdade, por motivos bastante diversos e muito menos complexos do que os atuais.

No Direito do Trabalho, a proliferação de recursos em primeira instância sofreu constrangimento, desde a primeira hora, com a implementação do princípio da irrecorribilidade das decisões interlocutórias.

Há notícia de que a primeira experiência para solucionar litígios trabalhistas

> "surgiu no Estado de São Paulo, em 1922, com a constituição de tribunais rurais compostos pelo Juiz de Direito da Comarca, um representante dos trabalhadores e outro, dos fazendeiros. Na prática, tal experiência não produziu resultados satisfatórios".(3)

As Juntas de Conciliação e Julgamento, as Comissões Mistas de Conciliação e o Conselho Nacional do Trabalho foram instituídos, no final de 1932, pelo Decreto n. 22.132, de 25 de novembro daquele ano. A Constituição de 1934 excluiu do Poder Judiciário os órgãos administrativos, criados com a finalidade de dirimir os conflitos de trabalho. As Juntas tinham competência para apreciar as controvérsias trabalhistas, mas não podiam fazer cumprir suas próprias decisões, que se processavam na Justiça Ordinária. Naquela época, os juízes não desfrutavam da independência que deve ter qualquer magistrado, no exercício de sua função, e eram demissíveis *ad nutum*. O Ministro do Trabalho tinha competência para apreciar qualquer feito, subtraído à Junta pela permissão legal implícita no autoritarismo das Cartas Avocatórias, com estribo no art. 29 do Decreto n. 22.132.

Os feitos relativos a acidentes do trabalho eram processados perante a Justiça comum, permanecendo até os dias atuais esse receio Legislativo de que os mesmos passem a ter trâmite perante a Justiça especializada.

As Comissões Mistas de Conciliação tinham por objetivo principal buscar conciliação para os dissídios coletivos, mas não tinham competência para julgar as ações coletivas.

O Conselho Nacional do Trabalho funcionava verdadeiramente como um tribunal arbitral. Julgava as ações coletivas que não estavam sujeitas a recurso, e apreciava, em última instância, as ações individuais que envolvessem matéria concernente à Previdência Social ou à reclamação proposta por empregado estável.

2.2. Institucionalização da Justiça do Trabalho

O mau funcionamento dos órgãos responsáveis pela solução dos conflitos laborais, ao tempo em que a Justiça do Trabalho estava su-

---

(3) GIGLIO, Wagner D. *Direito Processual do Trabalho*. São Paulo: Saraiva, 1997, p. 25.

bordinada ao Poder Executivo, clamou por reformas estruturais significativas, surgidas com o Decreto-lei n. 1.237/39 e Decreto n. 6.596/40. Com esses diplomas legais — assim podem ser denominados, em razão de o Regulamento n. 6.596 ter alcançado força de lei — foram estabelecidos, sem qualquer sistematização, os seguintes recursos: recursos interpostos a decisões definitivas, sem denominação própria, embargos nas causas de pequeno valor e recurso por conflito jurisprudencial entre o decidido pelos Conselhos Regionais e o Conselho Nacional do Trabalho. (Vide arts. 73 e 74 c/c. arts. 26, 95 e art. 76, que são praticamente a continuação da estrutura recursal editada no texto consolidado). É de tamanha e significativa envergadura o referido Regulamento que até a estrutura originária da Consolidação ampliou o alcance de alguns institutos. O legislador pátrio, ao formar o Título VIII, louvou-se nesse Regulamento.

O Decreto-lei n. 8.737, de 19 de janeiro de 1936, também provocou mudanças diversas na Consolidação, como a competência, o aumento da alçada, a criação dos agravos de petição e de instrumento e, até mesmo, a reforma com relação aos prejulgados.

O Decreto-lei n. 9.797, de 9 de setembro de 1946, criou os Tribunais Regionais do Trabalho. O país passou a dispor também de Juntas de Conciliação e Julgamento, compostas por um Presidente nomeado pelo Governo e dois representantes indicados pelas entidades de classe econômica e profissional. As Juntas passaram a ter independência, deixando de estar sujeitas às malsinadas avocatórias.

Às vésperas da promulgação da *lex legum* de 1946, o Decreto-lei n. 9.797 acabou por integrar esses órgãos administrativos aos órgãos do Poder Judiciário. Foi, então, iniciada a organização da carreira de magistrado, com ingresso mediante provas e títulos.

Como se sabe, o nosso modelo de organização da Justiça do Trabalho tem sido reconhecido como seguidor do paradigma fascista italiano, embora à época, na Itália, já estivesse em vigor um novo ordenamento laboral.

A criação de Juntas de Conciliação e Julgamento, em todo o país, para apreciar em primeira instância os litígios trabalhistas, foi objeto de inúmeras leis, principalmente nos centros onde havia grande massa de operários. Promulgou-se legislação para disciplinar esse princípio, como a Lei n. 5.630, de 2 de dezembro de 1970, que passou a exigir um número determinado de empregados na jurisdição, além, evidentemente, do número de processos trabalhistas. Essa preocupação ainda hoje subsiste, pois são conhecidas as pressões políticas com a finalidade de aquinhoar determinadas localidades e até mesmo pessoas.

A Lei n. 861, de 13 de outubro de 1949, deu nova denominação aos recursos, que passaram a ser embargos, recurso ordinário, recurso de revista e agravo.

O Decreto-lei n. 75, de 21 de dezembro de 1966, dispôs sobre a aplicação da correção monetária aos débitos de natureza trabalhista, e também sobre a elevação do valor do depósito compulsório nos casos de recursos, perante os tribunais do trabalho, bem como outras providências, não atingindo os recursos em Dissídio Coletivo com os depósitos recém-criados.

Posteriormente, seguiu-se o Decreto-lei n. 229, de 28 de fevereiro de 1967, que introduziu alterações nos recursos previstos na Consolidação das Leis do Trabalho. Deve-se destacar que os embargos interpostos no Tribunal Superior do Trabalho passaram a ter a permissão de ser apreciados além da divergência, nas hipóteses de a decisão impugnada contrariarem a letra da lei federal. O recurso de revista deixou de ser permitido na hipótese de a decisão revisanda colidir com prejulgado ou com a jurisprudência uniforme do TST. Foi criado também o recurso inominado, para o Corregedor da Justiça do Trabalho, das decisões proferidas em execução de sentença, pelos presidentes dos Tribunais Regionais, e o agravo regimental contra essas decisões, para o Tribunal Superior do Trabalho na sua composição plena.

Com esse diploma legal, o hipossuficiente teve a possibilidade de levantar o depósito *ad recursum,* na hipótese de a matéria ter sido julgada em sintonia com o prejulgado do TST, e as custas começaram a ser calculadas em tabela progressiva.

A Lei n. 5.442, de 24 de maio de 1968, também merece destaque na evolução legislativa, pois produziu mudanças na Justiça do Trabalho. Destacam-se aquelas que concernem à composição dos Tribunais Regionais e ao seu funcionamento, por meio de Turmas, bem como às mudanças no Tribunal Superior do Trabalho. Evidentemente, o funcionamento dos Tribunais, por meio de órgãos de menor composição, acarretou outras mudanças, como o julgamento dos recursos ordinários e dos agravos de petição.

O Decreto-lei n. 779, de 21 de agosto de 1969, é o grande responsável, até hoje, pelos procedimentos que privilegiam recursos nas causas da União, Estados, Distrito Federal e Municípios. A Consolidação, embora tenha produzido modificações na redação dos dispositivos da lei sobre recursos, ao longo do tempo, manteve o mesmo número destes.

A Lei n. 7.033/82, talvez editada com o objetivo de retocar os dispositivos de lei, até então em vigor, revogou o § 3º do art. 899, o art.

902 e seus parágrafos, e modificou a redação da alínea "f" do inciso I do art. 702, bem como a alínea "b" do art. 894 e a alínea "a" do art. 896, da Consolidação das Leis do Trabalho, e o art. 9º da Lei n. 5.584, de 26 de junho de 1970.

Em razão de seu grande significado para a evolução da legislação recursal no Processo do Trabalho, merece citação a Lei n. 7.701/88, porque se refere expressamente a todos os recursos já existentes, além de fazer alusão ao agravo regimental e ter promovido mudanças no processamento dos recursos, especialmente pela falta de atendimento aos pressupostos. A introdução de uma nova alínea no art. 896 da Consolidação das Leis do Trabalho, no entanto, não proporcionou melhoria ao sistema. Ao contrário, parece ter provocado danos maiores. Existe nesse diploma uma série de disposições que a jurisprudência do colendo Tribunal Superior do Trabalho já havia consagrado, quer por decisões, quer pela edição da orientação jurisprudencial sumular.

2.3. Configuração estrutural e funcional da Justiça do Trabalho

As Constituições da República de 1934 e 1937 instituíram a Justiça do Trabalho para dirimir os conflitos resultantes das relações entre patrões e empregados, mas elas não reservaram espaço idêntico às disposições concernentes às prerrogativas da Justiça Comum.

Não obstante a Justiça do Trabalho ter passado por uma grande reorganização, em 1939 — com o Decreto-lei n. 1.237 e, no ano seguinte, como respectivo Decreto regulamentador 6596 — continuou a ser considerada Órgão autônomo do Poder Executivo e, só com a Constituição de 1946, passou a integrar o Poder Judiciário e a gozar verdadeiramente de uma organização constitucional. A primeira instância funcionou inicialmente, na sua composição, como um Órgão colegiado, presidido por um juiz presidente, um representante de empregados e outro de empregadores e, em 1999, passou por profunda reformulação com a Emenda Constitucional n. 24, que extinguiu a representação classista e transformou as Juntas de Conciliação e Julgamento em Varas do Trabalho. Nessas, a jurisdição passou a ser exercida por um juízo monocrático, conforme dispõe o art. 116 da Constituição da República e, nas Comarcas onde não houver Vara, a solução das lides trabalhistas é atribuída aos Juízes de Direito da Justiça Estadual.

Os juízes do trabalho ingressam na carreira como juízes substitutos, com idade não superior aos 65 anos, e após a aprovação em concurso de provas e títulos, realizado pelo Tribunal Regional do Trabalho. São promovidos alternadamente por antigüidade e merecimento. A sua designação é realizada pelo Presidente do Tribunal Regional do Trabalho ou por algum dos Juízes do Tribunal Regional do Trabalho com competência fixada pelo Regimento Interno do Tribunal.

O critério para a nomeação do Juiz da Vara do Trabalho observa, inicialmente, a remoção dos Juízes de outras Varas, e, posteriormente, a promoção dos juízes substitutos. A criação das Varas obedece ao mesmo critério estabelecido para as Juntas e está previsto na Lei n. 6.947/81.

A competência da Justiça especializada está fixada no art. 114 da Constituição da República, cujo texto original dizia expressamente que:

> "Compete à Justiça do Trabalho conciliar e julgar os dissídios individuais e coletivos entre trabalhadores e empregadores, abrangidos os entes de direito público externo e da administração pública direta e indireta dos municípios, do Distrito Federal, dos Estados e da União, e, na forma de lei, outras controvérsias decorrentes da relação de trabalho, bem como os litígios que tenham origem no cumprimento de suas próprias sentenças, inclusive coletivas".

Na vigência do art. 114 com a redação inicial, o STF decidiu relativamente aos entes de direito público, que essa competência é restrita às reclamações que envolvam parcelas decorrentes do regime trabalhista, afastando assim, naquela época, da Justiça do Trabalho a competência para apreciar ações propostas por servidores submetidos ao regime jurídico-administrativo.

Os dissídios oriundos da relação de trabalho, conforme estabelecido em lei, são aqueles litígios resultantes do trabalho avulso, do trabalho doméstico e da empreitada em que o empreiteiro seja operário ou artífice. A Justiça do Trabalho é competente, também, para apreciar as ações que envolvem contribuições assistenciais.

Com a promulgação da Emenda Constitucional n. 45, de 8 de dezembro de 2004, a competência da Justiça do Trabalho foi ampliada, cabendo-lhe agora, decidir não apenas as controvérsias estabelecidas entre empregados e empregadores, mas também todas as questões inerentes ao trabalho ou a ele relacionadas tais como litígios entre sindicatos, greve, pedidos de indenização por danos morais e materiais. A competência da Justiça do Trabalho foi elastecida tanto em razão da matéria como da pessoa. É o que se depreende, da redação dada pela Emenda Constitucional n. 45/2004 ao art. 114 da Constituição Federal.

A Constituição da República, pelo mesmo artigo, conferiu ainda uma competência normativa, em que a Justiça obreira pode estabelecer normas e condições, respeitadas as disposições convencionais e legais mínimas de proteção ao trabalho. O exercício do poder normativo foi conferido tão-somente aos Tribunais Regionais do Trabalho e ao Tribunal Superior do Trabalho e acabou atropelado pela globalização e por outros fatores, como o impedimento que os trabalhadores têm na negociação coletiva e, especialmente, pelo formalismo exacerbado, repelido por nossa cultura, mas exigido para o ajuizamento da ação coletiva.

Os Tribunais Regionais do Trabalho são o órgão de segundo grau da Justiça do Trabalho que têm competência para, fundamentalmente, proceder à revisão das decisões de primeiro grau, sendo a última instância para a reavaliação de matéria fático-probatória.

A Constituição da República, pelo art. 112, redação anterior à promulgação da Emenda Constitucional n. 45/2004, previu a existência de pelo menos um Tribunal no Distrito Federal e em cada Estado da Federação.

O único Estado da Federação que tem dois Tribunais é São Paulo, devido à grande concentração de empresas de comércio e indústria. O estado mais populoso da Federação atraiu uma massa considerável de trabalhadores, com conseqüente repercussão nas demandas trabalhistas. Há Estados que não têm e que não justificam a observância da previsão constitucional pelo inexpressivo número de processos . Os existentes estão divididos em vinte e quatro regiões.

A nomeação dos juízes, que compõem os Tribunais Regionais do Trabalho, é realizada pelo Presidente da República e as vagas são preenchidas por juízes de carreira, promovidos alternadamente pelo critério de antigüidade e merecimento. Um quinto deve ser proveniente de membros do Ministério Público e de advogados com mais de dez anos de carreira e militância. Os Tribunais com mais de vinte e cinco juízes poderão ser constituídos por um Orgão Especial, composto por, no máximo, esse número e, no mínimo, por onze juízes. Os Tribunais têm um Presidente, um Vice-presidente e um Corregedor. No Tribunal Regional do Trabalho de São Paulo há um presidente, um vice-presidente administrativo, um vice-presidente judicial e um corregedor.

Conforme autorização constitucional, art. 115, § 1º, os Tribunais Regionais, visando ao atendimento da melhor prestação jurisdicional, instalarão a Justiça itinerante, com realização de audiências e atividade jurisdicional fora da sede do Órgão, mas dentro dos limites territoriais da respectiva jurisdição. Os Tribunais Regionais poderão, também funcionar descentralizadamente, constituindo câmaras regionais para possibilitar aos jurisdicionados o acesso à justiça em todas as fases do processo (art. 115, § 2º, da CF).

O Tribunal Superior do Trabalho é o Órgão Supremo da Justiça do Trabalho, atualmente composto por vinte e sete ministros, escolhidos entre brasileiros com mais de trinta e cinco e menos de sessenta e cinco anos, nomeados pelo Presidente da República, após aprovação pela maioria absoluta do Senado Federal, conforme expresso no art. 111-A, incluído no texto maior pela Emenda Constitucional n. 45/2004. Desses vinte e sete ministros, um quinto é escolhido entre advogados com mais de dez anos de efetiva atividade profissional e membros do Ministério Público do Trabalho com mais de dez anos de efetivo exercício, indicados em lista sêxtupla pelos órgãos de representação das respectivas classes.

Antes da promulgação da Emenda Constitucional n. 45/2004, a Constituição da República, conforme disposição expressa no § 3º do art. 111, determinava que a competência do Tribunal Superior do Trabalho fosse fixada em lei, no que foi atendida pela Lei n. 7.701/88, que dividiu o Tribunal em Pleno, Seção de Dissídios Individuais, dividida em duas subseções, a SBD1, que funciona com seis ministros, e a SBD2, que funciona com cinco ministros; Seção de Dissídios Coletivos e Turmas. A Seção de Dissídios Coletivos cumpre o papel do duplo grau de jurisdição, com relação aos dissídios coletivos ajuizados no âmbito dos Tribunais Regionais do Trabalho, e aprecia os dissídios coletivos de âmbito nacional, além, evidentemente, dos feitos originários e daqueles inerentes aos dissídios coletivos procedentes dos Tribunais Regionais do Trabalho. Com a promulgação da Emenda Constitucional n. 45/2004, essa estrutura premanece, devendo apenas ser registrado que atualmente, a previsão a respeito da necessidade de lei ordinária para dispor sobre a competência do Tribunal Superior do Trabalho está contida no texto do art. 111-A, § 1º da Constituição Federal.

As cinco Turmas apreciam recursos de revista e agravos de instrumento, recursos esses que foram interpostos à decisões e despachos proferidos em dissídios individuais.

Nas subseções de dissídios individuais, uma julga os embargos de divergência, agravos regimentais e feitos a eles correlatos e a outra julga as ações originárias do Tribunal Superior do Trabalho, bem como os recursos interpostos à decisões originárias dos Tribunais Regionais do Trabalho.

Não obstante o presente item fazer alusão expressa à organização da Justiça do Trabalho, é relevante para os objetivos deste estudo, o apontamento sobre as Comissões de Conciliação Prévia, pelos efeitos que poderiam trazer ao Judiciário Trabalhista, em termos de celeridade. Também há de se mencionar o Ministério Público, que funciona junto à Justiça do Trabalho e que, pela Constituição da República de 1988, tornou-se instituição permanente e essencial à função jurisdicional do Estado.

As Comissões Prévias de Conciliação surgiram dentre algumas propostas, objetivando promover a extinção da paridade da Justiça do Trabalho e o seu descongestionamento.

A Lei n. 9.958, de 12 de janeiro de 2000, acrescentou à Consolidação das Leis do Trabalho os arts. 625-A a 625-H, pretendendo que empregados e empregadores procurassem a solução dos conflitos sem terem necessidade, em princípio, de procurar o Judiciário trabalhista.

Essas normas dispuseram que as empresas e os sindicatos podem instituir Comissões de Conciliação, formadas por representantes de empregados e patrões, com a atribuição de conciliar os dissídios individuais.

A lei instituiu facultativamente a mediação, na tentativa de esvaziar o número de reclamações ajuizadas, perante as Varas do Trabalho, mas há uma corrente entendendo que essa faculdade se constitui em obrigação.

Há evidências seguras de que a corrente que considera facultativa a criação das comissões tem muito mais razão, pois na redação da legislação utilizou-se o verbo poder como sinal de que a instituição das Comissões não é obrigatória.

O projeto inicial cogitou de um número de cinqüenta empregados para a sua constituição, mas, em verdade, não houve qualquer determinação legal nesse sentido. A composição obedece a um mínimo de dois e um máximo de dez membros, sendo, no entanto, necessário que seja observada a paridade no funcionamento.

A indicação dos membros é feita pelos empregadores e empregados, sendo necessário, no caso dos empregados, que a indicação de seus representantes se processe por eleição em escrutínio secreto, fiscalizado pela entidade da categoria profissional. Há lugar para suplentes, que devem corresponder ao número dos titulares, e ambos terão mandato por um ano, permitida uma recondução.

A exigência contida no art. 625-D da Consolidação das Leis do Trabalho ainda não foi objeto de uma decisão definitiva pela Corte Suprema, mas tudo leva a crer que há campo propício ao reconhecimento da sua absoluta ineficácia, pois o requisito da condição da ação, que deve ser exigido de todos os jurisdicionados, de forma igual, não tem como ser cumprido por aqueles patrões e empregados que têm número insuficiente para viabilizar a criação de Comissões.

O Ministério Público do Trabalho, pela Constituição da República de 1988, foi encarregado da defesa da ordem jurídica, do regime democrático e dos interesses sociais e individuais indisponíveis, e assumiu um papel bastante significativo na defesa dos interesses coletivos.

A sua atuação tem sido apreciada por todos os segmentos da sociedade, em razão das gestões que tem empreendido para impedir o trabalho escravo e infantil, além dos óbices que levanta às contratações feitas ao arrepio da lei, para impedir a garantia dos direitos dos trabalhadores.

Como não funciona em primeiro grau — embora haja notícia de isso estar ocorrendo experimentalmente em algumas poucas unidades da Federação — a não ser nas hipóteses em que a lei enuncia, como aquelas relacionadas com reclamatórias de incapazes menores e silvícolas, a atuação do Ministério Público é, até certo ponto restrita, pois tem início a partir do segundo grau.

Não obstante os impedimentos legais, que o impedem de exercitar plenamente as atividades que lhe reservou a Constituição, o Ministério Público passou a ter uma expressão significativa, a partir do momento que lhe foi conferida legitimidade para o ajuizamento da ação civil pública, estendendo-se a mesma ao segundo e terceiros graus, pelas ações originárias que ajuíza perante os Tribunais Regionais do Trabalho e Tribunal Superior do Trabalho e, até mesmo, quando recorre.

Os membros do Ministério Público gozam das garantias dos juízes relativamente à vitaliciedade, irredutibilidade de salários e inamovibilidade do cargo, não podendo perder este senão mediante sentença judicial transitada em julgado.

O Ministério Público do Trabalho é órgão integrante da estrutura do Ministério Publico da União, que tem autonomia funcional e administrativa, sem vinculação alguma com os Poderes Executivo ou Judiciário. Para ingressar na carreira é preciso prestar concurso de provas e títulos e a mesma se constitui dos seguintes níveis: Procuradores do Trabalho nível inicial, Procuradores Regionais do Trabalho nível intermediário e Subprocurador-Geral do Trabalho último nível.

A Lei Complementar n. 75, de 20 de maio de 1993, regulou, de forma geral, a estrutura e as atribuições do Ministério Público.

3. CONCEITO DE RECURSO

O vocábulo recurso é oriundo do latim — *recursos* — e

"significa voltar atrás, retroagir, curso ao contrário, por força da partícula *re*, de origem ignorada, anteposta ao substantivo *cursus*, que provém do verbo *currere*".[1]

Também tem a seguinte significação:

"ato ou efeito de recorrer... Auxílio, ajuda, socorro, proteção... meio expediente... meio pecuniário; numerário... meio de provocar, na mesma instância ou na superior, a reforma ou a modificação de uma sentença judicial favorável".[2]

Amauri Mascaro Nascimento em sua obra de direito processual do trabalho cita alguns conceitos entre os mais homenageados por juristas de escol a seguir mencionados:

Pedro Batista Martins considera que:

"é o poder que se reconhece à parte vencida em qualquer incidente, ou no mérito da demanda, de provocar o reexame de questão decidida pela mesma autoridade judiciária ou por outra de hierarquia superior".[3]

Já *Frederico Marques* entende que:

"são atos processuais que têm por finalidade a obtenção de novo exame, total ou parcial, de um ato jurídico".[4]

Alsina afirma que:

"são os meios que a lei concede às partes para obter que uma providência judicial seja modificada ou tornada sem efeito".[5]

Por sua vez, *Manoel Antonio Teixeira Filho* considera que:

---

(1) LIMA, Alcides de Mendonça. Ob. cit., p. 1.

(2) FERREIRA, Aurélio Buarque de Holanda. *Novo Dicionário da Língua Portuguesa.* Rio de Janeiro: Nova Fronteira, 1ª ed. 14ª impressão, p. 1.200.

(3) NASCIMENTO, Amauri Mascaro. *Curso de Direito Processual do Trabalho.* São Paulo: Saraiva, 2001, p. 485.

(4) NASCIMENTO, Amauri Mascaro, Ob. cit., Nota n. 20, p. 485.

(5) NASCIMENTO, Amauri Mascaro, Ob. cit., p. 485.

> "recurso é o direito que a parte vencida ou terceiro possui de, na mesma relação processual, e atendidos os pressupostos de admissibilidade, submeter a matéria contida na decisão recorrida ao reexame, pelo mesmo órgão prolator ou por outro órgão distinto e hierarquicamente superior, com o objetivo de anulá-la, ou de reformá-la, total ou parcialmente'".[(6)]

Como se pode observar, há uma tênue diversidade entre os conceitos citados. Não é facultado somente às partes pretender ver modificada uma decisão judicial. O Ministério Público, na qualidade de fiscal da lei e na defesa do interesse público e o terceiro prejudicado, também podem reinvindicar a reforma do ato judicial. Por outro lado, é necessário que essa decisão não tenha transitado em julgado, ou não seja suscetível pela modificação por mandado de segurança, correição ou outro meio de impugnação.

Amauri Mascaro Nascimento, com propriedade, alerta que:

> "O recurso difere de outros meios impugnativos das decisões judiciais, de modo que os conceitos de impugnação e de recurso são de amplitude diferente: aquele concerne a um gênero, e este a uma das espécies do gênero que tem, entre outras modalidades, a ação rescisória, os embargos declaratórios, o mandado de segurança, o pedido de correção de erros de escrita e até mesmo o pedido de reconsideração".[(7)]

Nelson Nery Junior, num sentido amplo, formaliza de modo mais adequado e preciso esse conceito. Para o renomado jurista:

> "Recurso é o remédio processual que a lei coloca à disposição das partes, do Ministério Público ou de um terceiro, a fim de que a decisão judicial possa ser submetida a novo julgamento, por órgão de jurisdição hierarquicamente superior, em regra, àquele que a proferiu".[(8)]

---

(6) TEIXEIRA FILHO, Manoel Antonio. *Sistema dos Recursos Trabalhistas*. São Paulo: LTr, 1995, p. 70.

(7) NASCIMENTO, Amauri Mascaro, Ob. cit., p. 485.

(8) NERY JUNIOR, Nelson. *Princípios Fundamentais — Teoria Geral dos Recursos*. São Paulo: Revista dos Tribunais, 5ª ed., 2000, p. 177.

4. *PRINCÍPIOS QUE INFORMAM OS RECURSOS NO PROCESSO DO TRABALHO*

4.1. Princípio do duplo grau de jurisdição

A preocupação com a falibilidade do homem, com os excessos e com o abusos de alguns juízes, parece ser um dos fundamentos mais comumente utilizados para defender a recorribilidade da decisão que põe termo ao processo.

A tendência para a restrição ou aceitação do duplo grau de jurisdição teve adeptos em todas as épocas e o reexame das decisões judiciais foi conhecido por vários povos da Antigüidade, como hindus, babilônios, hebreus, gregos e outros.

Manoel Antonio Teixeira Filho lembra que:

"A revisão dos julgados, naquelas épocas remotas, não se estadeava — à feição do que ocorre atualmente — como um direito individual, pois segundo os sistemas de governo então imperantes essa possibilidade ficava, muitas vezes, subordinada à observância de determinados interesses dos governantes. Como se não bastasse, o rei podia, em certas hipóteses, avocar o reexame das decisões inferiores, modificando-as caso lhe conviesse".[1]

A idéia da revisão era, portanto, bem diversa da dos dias atuais.

A necessidade do novo julgamento é atribuída ao Direito Romano, embora a Itália tenha também, com *Capelleti*, consagrado a defesa ardorosa do juízo único.

Se para os defensores do duplo grau de jurisdição ecoava a possibilidade de o homem estar sujeito a errar, e existir a garantia de uma Justiça mais aperfeiçoada com a revisão, podemos lembrar que entre os motivos apontados para a resistência ao duplo grau de jurisdição se destacam, entre outros, o elevado número de Tribunais, o demorado processo de revisão das decisões que, muitas vezes, resulta numa "justiça lenta e injusta".

---

(1) TEIXEIRA FILHO, Manoel Antonio. *Op. cit.*, p. 54.

A França, no período posterior à Revolução Francesa, e quando da instalação da Assembléia Nacional Constituinte, também sentiu uma forte oposição à manutenção do duplo grau de jurisdição e o ato constitucional de 24.6.1793, inspirado nesse período, tornou definitivas as decisões da justiça civil e impossibilitou a interposição de qualquer recurso, mas a Constituição Francesa, de 22.8.1795, restabeleceu-o até nossos dias.

No Brasil, a Constituição do Império de 1824, pelo art. 158, consagrou o duplo grau de jurisdição sem restrição. A Constituição Federal de 1988, bem como as demais, não manteve esse princípio de forma absoluta.

A doutrina apresenta divergência com relação a esse entendimento. Para uns, é princípio consagrado constitucionalmente de forma explícita; já para outros o é de forma implícita. Para *Nelson Nery Junior*,

> "Segundo a Constituição Federal vigente, há previsão para o princípio do duplo grau de jurisdição, quando se estabelece que os Tribunais do país terão competência para julgar causas originariamente e em grau de recurso. No art. 102 II, dizendo que o STF conhecerá, em grau de recurso ordinário, outras determinadas e, também, pelo n. III do mesmo dispositivo constitucional, tomará conhecimento, mediante recurso extraordinário, das hipóteses que enumera, evidentemente criou o duplo grau de jurisdição".[2]

Esse princípio, no entanto, se revela de abrangência limitada pela própria Constituição, pois esta em seu art. 121, § 3º, dispôs sobre a irrecorribilidade das decisões do Tribunal Superior Eleitoral, salvo na hipótese de contrariarem a própria Constituição.

A solidificação do princípio da duplicidade de graus de jurisdição, no processo do trabalho, se opera pelo recurso ordinário e a Justiça especializada apresenta três graus de jurisdição. No primeiro, estão as recentes Varas do Trabalho e os Juízes de Direito, conforme a hipótese; no segundo, os Tribunais Regionais do Trabalho e, finalmente, no terceiro o Tribunal Superior do Trabalho.

A "*triplicidade*" de graus de jurisdição tem sido alvo de grandes questionamentos com relação à celeridade; não obstante todas as dificuldades impostas pelos pressupostos intrínsecos do recurso de revista, o elevado número de recursos impede a rápida formação da coisa julgada.

---

(2) NERY JUNIOR, Nelson. *Op. cit.*, p. 41.

4.2. Princípio da irrecorribilidade das decisões interlocutórias

No processo do trabalho, "os incidentes do processo serão resolvidos pelo próprio juízo ou Tribunal, admitindo-se a apreciação do merecimento das decisões interlocutórias somente em recursos da decisão definitiva". É o que dispõe o § 1º do art. 893 da Consolidação das Leis do Trabalho. Por outro lado, a jurisprudência, pelo enunciado da Súmula da Jurisprudência do TST, de n. 214, consagrou o entendimento de que as decisões interlocutórias, na Justiça do Trabalho, só são recorríveis de imediato quando terminativas do feito, podendo ser impugnadas na oportunidade da interposição do recurso contra decisão definitiva, salvo quando proferidas em acórdão sujeito a recurso para o mesmo tribunal. Logo, todas aquelas decisões dos Tribunais Regionais do Trabalho, que afastam a prescrição extintiva, ou até mesmo aquelas que reconhecem o vínculo empregatício e que determinam a remessa dos autos à Vara do Trabalho de origem, para apreciação do mérito, não são recorríveis de imediato. Elas poderão vir a ser objeto de recurso tão logo haja uma decisão definitiva.

Outras exceções ao princípio da recorribilidade das interlocutórias também contidas no texto da Súmula n. 214, são as hipóteses de decisões de Tribunais Regionais do Trabalho proferidas em sentido contrário às Súmulas ou às Orientações Jurisprudenciais do Tribunal Superior do Trabalho e, ainda, aquelas pelas quais se "acolhe exceção de incompetência territorial com a remessa dos autos para Tribunal Regional distinto daquele a que se vincula o juízo excepcionado consoante o disposto no art. 799, § 2º, da CLT".

4.3. Princípio da uni-recorribilidade

Este princípio estava expresso no Código de Processo Civil de 1939, art. 809, e, conforme *José Janguiê Bezerra Diniz*,

> "hoje é tratado de forma implícita, conforme interpretação sistemática do art. 496, que enumera os recursos admissíveis pelo Código, e da correlação que deve existir entre o art. 162 e os arts. 504, 513 e 522 do CPC".(3)

e significa que a mesma questão não pode ser estigmatizada, ao mesmo tempo, por recursos distintos. A parte, ao pretender recorrer, dispõe de recursos específicos para mudar a decisão recorrida e deve lançar mão do recurso próprio. A utilização do recurso específico no momento

---

(3) DINIZ, J. B. *Os Recursos no Processo Trabalhista: Teoria, Prática e Jurisprudência*. 3ª ed. São Paulo: LTr, 1999, p. 31.

oportuno, pelas razões óbvias, impede o tumulto e o caos processual. A legislação consolidada, ao tratar dos recursos, previu as hipóteses de cada recurso para situação distinta em momentos diversos.

4.4. Princípio da fungibilidade

Este princípio permite ao juiz conhecer de um recurso por outro. Não é muito freqüente, mas a parte, ao recorrer, às vezes, o faz erroneamente. Ao invés, por exemplo, de usar um recurso ordinário, lança mão do agravo de petição. Pelo princípio da fungibilidade o juiz deverá receber o recurso. O Código de 1939 também tinha previsão a respeito e pelo art. 810 dispôs: "Salvo a hipótese de má-fé ou erro grosseiro, a parte não será prejudicada pela interposição de recurso por outro, devendo os autos ser enviados à Câmara, ou Turma a que competir o julgamento".

A legislação processual atual não previu a possibilidade de se receber um recurso por outro, mas a doutrina vem entendendo que o princípio subsiste, ressalvadas as hipóteses de má-fé e erro grosseiro.

4.5. Princípio da voluntariedade

A prestação jurisdicional só ocorre quando a parte vem a juízo. Aí, sim, o Estado não pode negá-la por compromisso constitucional. A lei processual civil consagra o princípio da iniciativa processual no art. 2º. A jurisdição não é espontânea e a parte que se sentir prejudicada deverá tomar a iniciativa de ir a juízo. Não há recurso sem que a vontade da parte se manifeste expressamente. A legislação do trabalho permitiu até que as partes ingressem em juízo pessoalmente, sem o patrocínio de advogado, e consentiu que as mesmas possam acompanhar as suas reclamações até o final, inclusive interpor recurso, conforme arts. 791 *caput* e 899 *caput*, primeira parte, ambos da Consolidação das Leis do Trabalho, mas não consentiu que a jurisdição ocorresse senão mediante a provocação da parte.

O parágrafo único do art. 475 do Código de Processo Civil, ao tratar das decisões sujeitas ao duplo grau de jurisdição, fala em apelação voluntária da parte vencida, de forma inapropriada, pois a remessa dos autos à instância *ad quem*, por sentença que julga improcedente a execução de dívida ativa da Fazenda Pública, ou proferida na hipótese de casamento anulado e contra a União, Estado e Município, é obrigatória e não voluntária. O juiz não manifesta qualquer vontade na determinação legal. Conforme magistério de *Coqueijo Costa,*

"A remessa *ex officio* é condição de eficácia da sentença, pois se trata de sentença condicional, subordinada à condição suspensiva, dadas a alta relevância da relação jurídica material e as razões políticas envolvidas".[4]

O Juiz, ao providenciar a remessa dos autos ao Tribunal, apenas cumpre a determinação legal de submeter a sua decisão ao reexame necessário.

4.6. Princípio da proibição da reformatio in pejus

A reforma para pior acontece quando a matéria apreciada não foi submetida pelo recurso e a decisão deixa de se ater aos limites da derrota. Não é muito comum ver-se decisões serem modificadas por terem sido proferidas ao arrepio do princípio. Muito embora o mesmo não tenha sido tratado expressamente, na nossa legislação, a vedação nele consagrada ressalta da conjugação do princípio dispositivo e do efeito devolutivo.

Se apenas houve recurso e foi mantida a decisão inicial, ainda que com outra fundamentação, não há que se falar em reforma para pior.

Na hipótese de haver recurso e remessa necessária, e ocorrer a reforma da sentença inicial, também não se pode falar em *reformatio in pejus*, pois a sentença do primeiro grau só se aperfeiçoa com o reexame necessário. Nessa situação, o Tribunal, ao proceder ao julgamento, acaba dando preferência ao reexame e, só posteriormente, se refere ao recurso.

Pode ocorrer, também, que na apreciação do recurso o Tribunal se defronte com questões de ordem pública e venha até mesmo a proferir uma decisão contrária ao recorrente. Aí não haverá o estigma ao princípio, pois, conforme magistério de *Nelson Nery Junior:*

> "As questões de ordem pública podem ser examinadas a qualquer tempo e em qualquer grau de jurisdição (art. 267, § 3º, CPC), devendo, inclusive, ser pronunciadas *ex officio* pelo juiz ou tribunal; seu exame independe de alegação da parte ou interessado. Esse exame das questões de ordem pública ocorre em nome do

---

(4) COSTA, Coqueijo. *Direito Judiciário do Trabalho*. Rio de Janeiro: Forense, 1978, p. 399.

princípio inquisitório e nada tem a ver com o efeito devolutivo do recurso que é decorrência do princípio dispositivo".[5]

O princípio impede que se imponha ao recorrente uma decisão pior do que aquela que ele já obteve e é alvo do recurso. A matéria a ser apreciada pelo Tribunal *ad quem* deve ficar restrita aos limites do recurso, que são os da sucumbência.

4.7. Princípio da complementaridade

Por este princípio, é dada à parte a faculdade de poder complementar o seu recurso. Há circunstâncias que induzem à complementação do mesmo. No caso da oposição de embargos declaratórios, a parte, por cautela, pode interpor o recurso principal, estigmatizando os fundamentos da decisão revisanda, e aguardar o julgamento dos embargos declaratórios para complementar com novas razões os novos fundamentos a serem dirigidos aos embargos de declaração. Nesse caso, não se opera a preclusão consumativa, pois os fundamentos da complementação só surgiram na sua integralidade com a decisão dos embargos. Há hipóteses em que a parte necessita opor esse antídoto, por mais de uma vez e, se os mesmos forem apresentados a tempo, só com a última decisão se apresenta na sua inteireza o *decisum*. O aviamento de embargos declaratórios fora do prazo, embora comprometam a tempestividade da complementação, não têm o condão de alcançar o recurso principal.

(5) NERY JUNIOR, Nelson. *Op. cit.*, p. 156/157.

5. *RECURSOS NO PROCESSO DO TRABALHO*

5.1. Forma dos recursos

Evidencia-se oportuno fazer uma breve referência à forma, pois a CLT, por seu art. 899, dispôs que os recursos serão interpostos por simples petição. É fora de dúvida que a lei exigiu que o recurso deve ser manifestado expressamente. A grande questão que ainda se põe é se a simples petição, a que expressamente se refere a CLT, dispensa ou não o recorrente das formalidades exigidas para um recurso.

Não é uníssona a doutrina nesse particular e *Manoel Antonio Teixeira Filho* abre a divergência, entendendo que

> "A mencionada expressão legal significa, exatamente, o que a sua inequívoca literalidade está a expressar: por simples petição e nada mais. Impor-se ao recorrente a indicação dos motivos que o levaram a postular o reexame da matéria seria afrontar tantas vezes o referido princípio da simplicidade do processo e do procedimento trabalhista, bem como desrespeitar a capacidade postulatória de que são providas as partes, ou, quando menos, embaraçar-lhes o exercício desse direito".[1]

O insigne jurista afirma não conceber que se extraia qualquer inferência das normas processuais com a abstração do princípio da *simplicidade* e da característica do *jus postulandi*, por entender que as mesmas devem atuar como uma espécie de pano-de-fundo, em qualquer interpretação.

Wagner D. Giglio posiciona-se nesse mesmo sentido, afirmando que:

> "Basta uma simples petição para desencadear a revisão do julgado ... a fundamentação constitui simples ônus do recorrente, que corre o risco de não convencer a Corte revisora do erro, engano ou injustiça da decisão impugnada, mas não requisito essencial do recurso".[2]

Em que pese a abalizada autoria doutrinária, deve-se levar em consideração a posição de *Campos Batalha*, para quem

---

(1) TEIXEIRA FILHO, Manoel Antonio. *Op. cit.*, p. 122.
(2) GIGLIO, Wagner. *Op. cit.*, p. 122.

"a CLT, ao prever a possibilidade de o recurso ser apresentado por simples petição, não isentou o recorrente de apresentar as razões do seu inconformismo com a decisão recorrida. O legislador, ao prever a simplicidade para a petição do recurso, objetivou repelir simplesmente o formalismo exacerbado do primeiro recurso no processo do trabalho mas não abriu a porta para os recursos protelatórios".[3]

É bom lembrar que a Lei n. 9.668, de 23.6.98, qualifica como litigante de má-fé a parte que interpõe recurso protelatório. Recorrer pela simples emulação de recorrer é algo que não se compatibiliza com os princípios que informam o processo do trabalho e o recurso deve, sem dúvida nenhuma, alinhar as razões do inconformismo com os fundamentos do pedido de reforma, embora de forma simples.

Não é a simplicidade de pedir que impede o recorrente de apresentar a sua irresignação. Ao manifestar a sua insurreição, o recorrente permite também ao recorrido a oportunidade do exercício amplo do direito de defesa.

A maneira mais comum de interpor qualquer recurso é a apresentação deste no protocolo dos tribunais, mas têm surgido dúvidas quando a parte utiliza os correios, ou até mesmo o fax ou o telex.

A jurisprudência tem sido tolerante, mas não tão branda, com relação à aferição da tempestividade. O recurso encaminhado pelos correios, que chega no prazo, não sofre qualquer penalidade.

Com relação ao fax tem havido maior resistência, porque o papel usado no fac-símile é bem mais caro e a impressão sempre ocorre na Secretaria do Tribunal, resultando ainda a conseqüência agravante desse ônus ter de ser suportado pelo Poder Judiciário. O mal maior do uso desse papel é que, ao fim de algum tempo, a impressão está bastante ilegível e, na maioria das vezes, totalmente apagada. O Tribunal Superior do Trabalho tem normatização a respeito, disciplinada pela Resolução n. 48/92, exigindo o protocolamento do original dentro do prazo.

Acontece que, com a edição da Lei n. 9.800/99, essa exigência foi relegada ao plano da eficácia da nova norma, que em nada veio homenagear a celeridade processual. O novo regramento, entre outras coisas, dispôs pelo seu art. 2º o seguinte:

"a utilização de sistema de transmissão de dados e imagens não prejudica o cumprimento dos prazos, devendo os originais ser en-

---

(3) BATALHA, Wilson de Souza Campos. *Tratado de Direito Judiciário do Trabalho*. São Paulo: LTr, 1977, p. 760.

tregues em juízo, necessariamente, até cinco dias da data de seu término".

Portanto, as partes, com o mencionado diploma legal, passaram a dispor de cinco dias para apresentar o recurso no documento original, a contar da data do término do prazo alusivo ao recurso, observando-se as regras referentes aos prazos processuais.

Por telex, há exigência na lei processual civil, no sentido de que fique consignada a fonte expedidora e o reconhecimento da firma do subscritor do recurso.

A lei processual civil previu como forma válida de interposição dos recursos "qualquer outro meio de transmissão" e, assim sendo, o e-mail é meio que pode vir a ser aceito se os Tribunais se estruturarem para esse tipo de serviço. Sem dúvida, se for desenvolvido um sistema seguro de encaminhamento de recursos, através de e-mail, se eliminarão uma série de formalidades, gastos de papel e até mesmo alguns setores dos Tribunais poderão funcionar muito mais racionalmente. Tudo se pode esperar da informática para tornar mais célere o andamento dos processos nos Tribunais.

Embora não seja possível identificar, hoje, o processo, pela época em que o fato ocorreu, faz-se oportuno na avaliação do nosso sistema recursal trabalhista o registro dessa notícia, que é motivo de orgulho da Justiça do Trabalho, e muito especialmente do Tribunal Regional do Trabalho da 8ª Região, de onde são egressos magistrados que fizeram da Justiça obreira paradigma que orgulhou empregados, patrões e a própria Nação.

A Secretária da então MM 2ª Junta de Conciliação e Julgamento, de Belém, reduziu a termo inconformismo de reclamante, que à Junta compareceu insatisfeito com a decisão proferida em reclamatória sua e, após, fez conclusos os autos ao MM Juiz Presidente, *Haroldo da Gama Alves*, que determinou o processamento como recurso ordinário. O Tribunal Regional do Trabalho não impôs nenhum óbice ao conhecimento desse recurso, recebido na forma de redução a termo.

Este fato foi confirmado pela doutora *Maria Luiza Nobre de Brito*. Sua Excelência é, atualmente, Juíza naquele Tribunal e, à época, foi a Secretária da Junta responsável pela redução a termo do inconformismo do reclamante.

Portanto, a exigência escrita da forma recursal, prevista pela Consolidação das Leis do Trabalho, pode e deve ser avaliada de uma forma muito mais flexível e compatível com a finalidade da Justiça Social.

O que se ousou nesse procedimento, com muito maior sabedoria, foi a interpretação de outro preceito consolidado, que possibilita às partes acompanhar o processo até o final, e permite ao menos favorecido a oportunidade de pedir a revisão do decidido.

5.2. *Condição*

Em princípio, deve-se indagar se qualquer pessoa pode recorrer. A resposta seria negativa, pois a lei processual civil, por seu art. 499, diz expressamente quem tem legitimidade para interpor o recurso. Pode a parte vencida, o Ministério Público e o terceiro prejudicado. Esse, entretanto, deverá "demonstrar o nexo de interdependência entre o seu interesse de intervir e a relação jurídica submetida à apreciação judicial". Ora, como partes que têm legitimação para o recurso, evidentemente, estão o autor, o réu, o litisconsorte e os sucessores. A sucumbência é pressuposto subjetivo que deverá estar presente na interposição do recurso.

Tem-se questionado, algumas e não raras vezes nos Tribunais do Trabalho, se o reclamado, embora tendo no mérito uma decisão favorável, pode questionar pela via recursal a sentença relativamente à rejeição de prejudiciais suscitadas em relação à legitimidade ou prescrição. É inegável que, se houver recurso do reclamante, o recorrido deve ter o cuidado de renová-las nas razões de contrariedade. O Colendo Supremo Tribunal Federal, conforme lembra *Coqueijo Costa*, por sua 1ª Turma, já entendeu que:

> "o legítimo interesse do vencido para recorrer advém da mesma legitimidade e interesse processual de impugnar".(4)

O Código de Processo Civil, além de ter previsto a legitimação para o recurso, foi além e, pelo art. 503, diz expressamente quando não poderá haver recurso: "A parte que aceitar expressa ou tacitamente a sentença ou a decisão não poderá recorrer".

A lei processual civil deu ao autor a possibilidade de desistir da ação, após a citação do réu, na hipótese da anuência deste. Contudo, com relação à possibilidade de desistir do recurso, a lei previu tratamento diverso.

A parte recorrente pode também, a qualquer tempo, desistir do recurso, independentemente do recorrido aquiescer ou não à sua vontade. O direito potestativo do recorrente de desistir do recurso está previsto no art. 501 da lei processual.

---

(4) RE 94-724-8-RJ, DJU 18.12.81, p. 12.944, COSTA, Coqueijo. *Direito Processual do Trabalho*. 2ª ed., Rio de Janeiro: Forense, p. 459.

A expressão princípio dá sempre a idéia da origem, de onde alguma coisa tem início. No sentido jurídico, segundo *José Janguiê Bezerra Diniz*,

> "Notadamente no plural, revelam o conjunto de regras ou preceitos, que se fixaram para servir de norma a toda a espécie de ação jurídica, traçando, assim, a conduta a ser tida em qualquer operação jurídica. Desse modo, exprimem sentido. Mostram-se a própria razão fundamental de ser das coisas jurídicas, convertendo-se em perfeitos axiomas".[5]

Os princípios assumem importância relevante no ordenamento jurídico, pois é por meio deles que se edifica o processo de interpretação, ou até mesmo de integração do direito.

O processo do trabalho deve lançar mão dos princípios gerais da doutrina processual civil, desde que, evidentemente, estes guardem compatibilidade com a legislação do processo do trabalho, em razão do disposto no art. 769 da Consolidação das Leis do Trabalho.

Não há, ainda, um consenso com relação ao elenco dos princípios no sistema recursal trabalhista, pois algumas vezes, para uns, a matéria foi elevada ao nível de princípios e, para outros, ainda não alcançou essa categoria ou estágio.

Proceder-se-á, no entanto, a considerações sobre os princípios que informam os recursos no processo trabalhista e que representam, de forma mais expressiva, um consenso na doutrina.

5.3. Efeitos dos recursos

No processo do trabalho, ao contrário do que ocorre no processo civil, a regra é que os recursos tenham apenas efeito devolutivo. É o que se depreende do disposto no art. 899 da Consolidação das Leis do trabalho. Em razão de a regra ser essa, não é comum ver nos despachos de admissibilidade dos recursos ordinários a menção ao efeito em que o recurso é recebido. O efeito devolutivo parece ter sido eleito pelo legislador como forma de prestigiar a celeridade do nosso processo. A devolução impede que a decisão transite em julgado e remete ao juízo *ad quem* o exame do litígio. Não obstante a interposição do recurso no efeito devolutivo, a parte tem, a partir daí, a faculdade da execução provisória. A virtude que se atribui ao início da execução

---

(5) DINIZ, José Janguiê Bezerra. *Os Recursos no Processo Trabalhista Teoria, Prática e Jurisprudência*. São Paulo: LTr, 1999. Ob. cit.,p. 51.

provisória, logo que o recurso é interposto, tem um bom respaldo, que é o tributo ao princípio da celeridade. O fato de a execução ser provisória, e arrastar-se até à penhora, já simplifica e apressa muito o processo, na oportunidade em que ocorrer o trânsito em julgado. Para alguns, isso também serviria como elemento psicológico a influenciar a realização de um acordo.

O recebimento do recurso no efeito devolutivo propiciará ao tribunal *ad quem* o conhecimento da matéria impugnada, conforme art. 515, "no todo ou em parte", art. 505, ambos do Código de Processo Civil. O tribunal, ao apreciar o recurso, só poderá julgar dentro dos limites da impugnação, ou seja, do que for pedido. Por isso, é comum na doutrina a afirmação de que o efeito devolutivo é manifestação do princípio dispositivo.

O efeito suspensivo no processo do trabalho só tem aplicação em duas hipóteses, diversamente do processo civil, que tem como regra e como exceção as hipóteses previstas no art. 520. No processo do trabalho, apenas quando há interposição de recurso ordinário de sentença proferida em dissídio coletivo pelos Tribunais Regionais do Trabalho e, nos embargos infringentes interpostos à decisão normativa do Tribunal Superior do Trabalho, conforme art. 14 da Medida Provisória n. 1.950, editada em 23.8.00 e publicada no DOU do dia 24.8.00.

O efeito suspensivo impede a produção dos efeitos da decisão que é objeto do recurso. Destina-se, exclusivamente, a impedir os efeitos da sentença.

É mais freqüente, quando se fala nos efeitos dos recursos na lei processual civil, atribuir-se maior destaque aos efeitos devolutivo e suspensivo, mas a doutrina se refere a outros efeitos, como o translativo, substitutivo, regressivo e extensivo. A presente análise será restrita, no âmbito dessa relação, ao primeiro, que é o efeito translativo.

Em princípio, não é possível ao Tribunal *ad quem* julgar além do que lhe foi pedido no recurso, e isso por força de disposição expressa nos arts. 128 e 460 da lei processual. Há, entretanto, situações em que o julgador está autorizado a apreciar a decisão recorrida e julgar fora do que é pedido no recurso e é negado pelo recorrido.

Nelson Nery Junior mostra, com muita propriedade, quando se opera o efeito translativo do recurso, ou seja, quando o sistema processual permite que o órgão *ad quem* julgue questões dispositivas como aquelas de ordem pública, que deixaram de ser julgadas e sem incorrer em julgamento *extra, ultra* ou *infra-petita*. Para o ilustre jurista,

"A translação dessas questões ao juízo *ad quem* está autorizada nos arts. 515 §§ 1º e 2º, e 516, do CPC."(6)

O Tribunal *ad quem* pode ainda nos casos de extinção do processo sem julgamento de mérito, decidir a lide de imediato "se a causa versar questão exclusivamente de direito e estiver em condições de imediato julgamento". Esse procedimento está previsto no art. 515, § 3º do CPC. Isso só pode acontecer se, afastado o motivo da extinção, o processo estiver em condição de julgamento imediato. É o que está sendo conhecido como "princípio da causa madura".

5.4. Pressupostos recursais

Os recursos, para serem processados, estão subordinados ao atendimento de requisitos ou pressupostos que deverão ser apreciados pelo juiz que proferiu a sentença, que é o primeiro juízo de admissibilidade, e pelo Juiz relator do Tribunal. É na avaliação desses pressupostos que se dará a admissibilidade do recurso. O exame realizado pelo juízo de admissibilidade *a quo* não vincula o juízo de admissibilidade *ad quem*, pois a devolutividade se dará de forma integral. Portanto, se no momento inicial da análise do recurso passou despercebido ao juiz recorrido o não-atendimento a um desses requisitos, deve o juiz *ad quem* analisá-los, exatamente porque a sua decisão não está adstrita ao exame realizado.

5.4.1. Os pressupostos subjetivos

Amauri Mascaro Nascimento admite que não há uma enumeração doutrinária pacífica, e lembra que

"Os pressupostos subjetivos são os pertinentes à pessoa que quer recorrer".(7)

Podemos começar por mencionar o da *legitimação*, que é aquele que se relaciona com quem pode recorrer. Anteriormente, já se fez referência a que as partes, o Ministério Público e o terceiro prejudicado podem interpor recurso, por autorização expressa do art. 499 do Código de Processo Civil.

Há, ainda, um grande debate em torno dessa faculdade dada ao terceiro para recorrer no processo do trabalho, e, sem motivo justifica-

(6) NERY JUNIOR, Nelson. *Op. cit*, p. 415.
(7) NASCIMENTO, Amauri Mascaro. Ob. cit., p. 491.

do, se argüi muito sobre a ilegitimidade do Ministério Público, nas hipóteses em que ele atua no recurso como *custos legis,* ou até como parte.

Dúvidas também surgem, doutrinariamente, com relação à legitimidade dos sindicatos para recorrer nas ações de cumprimento. Não é comum a doutrina relacionar a *capacidade,* entre os pressupostos.

Considera-se razoável a justificação para a sua inclusão, pois, às vezes, quem recorre está na condição de representante legal. É necessário verificar se a parte tem ou não a capacidade processual prevista pelo art. 8º da Lei Processual Civil para exercitar essa pretensão recursal.

O *Interesse* tem necessariamente relação com a situação em que o recorrente está inserido, em razão do pronunciamento jurisdicional; portanto, podem as partes ser afetadas e o terceiro acabar sendo atingido, também, pela decisão.

Amauri Mascaro Nascimento define esse interesse de recorrer como

> "A relação necessária entre o bem jurídico indeferido e o benefício em tese, que o recorrente teria com o deferimento".[8]

5.4.2. Os pressupostos objetivos

Os pressupostos objetivos dos recursos são aqueles que têm a ver com a situação do processo, ou seja, aqueles que concernem à situação processual como a adequação, representação, tempestividade e, finalmente, o preparo que inclui o pagamento de custas e o depósito *ad recursum.*

5.4.2.1. Adequação

A *adequação* desponta como um dos pressupostos de análise no juízo de admissibilidade e relaciona-se com a conformidade do recurso utilizado. É a utilização do antídoto certo para estigmatizar o decidido.

Contra um despacho que obsta o processamento de um recurso não cabem, evidentemente, embargos declaratórios, ainda que sobre sua fundamentação recaia a pecha da omissão, dúvida ou contradição. Contra o mesmo cabe o agravo de instrumento, que é o recurso próprio, previsto na legislação consolidada, para destrancar recurso.

---

(8) NASCIMENTO, Amauri Mascaro. Ob. cit., p. 476.

Portanto, as partes dispõem de recursos próprios para impugnar o que for decidido e devem observar a escolha adequada.

5.4.2.2. Representação

A *representação* é questão que ainda desperta grandes sobressaltos entre os profissionais que militam nos Tribunais do Trabalho.

Muito embora a legislação consolidada tenha permitido à parte acompanhar o seu processo até o final, é muito raro ver recursos subscritos pelas partes, pois a segurança conferida a um profissional da área traz, quase sempre, uma maior tranqüilidade ao recorrente. A jurisprudência, de uma forma sábia, acabou consagrando essa permissão, apenas para o recurso ordinário, em razão das dificuldades técnicas que o recurso de natureza extraordinária apresenta.

O preposto que não for advogado não poderá subscrever o recurso, pois o § 1º do art. 843 da Consolidação das Leis do Trabalho faculta ao patrão fazer-se representar por preposto apenas na audiência.

Na Justiça comum é pacífico que, sem procuração, o advogado não será admitido a procurar em juízo. Esse entendimento tem previsão nos limites expressos do art. 37 da Lei Processual Civil, mas na Justiça do Trabalho o costume acabou atropelando o dispositivo processual, permitindo ao advogado o acompanhamento de seu cliente em audiência, ficando assentada em ata essa circunstância, que resulta na prova de que o mesmo está habilitado para praticar todos os demais atos processuais.

A jurisprudência trabalhista, embora com pequenas oscilações, acabou permitindo a existência de mandato tácito nas hipóteses em que a parte se faz acompanhar de advogado. Existe uma grande confusão em relação ao conceito de mandato tácito, pois para algumas opiniões seria a mesma coisa que "procuração *apud acta*".

Data maxima venia das opiniões em contrário, há uma impropriedade na denominação desse tipo de procuração, pois a existência do mandato *apud acta* depende da lavratura de termo. Se não há termo, não é tácita. Que possa haver tolerância com a aceitação do mandato tácito, em razão da parte estar acompanhada de seu advogado, até seria aceitável, porque aí configura-se exatamente uma hipótese em que não há procuração.

A expressão "tácito" tem sua origem no latim *tacitu* e significa exatamente o que não se exprime por palavras "o que por não ser expresso, de algum modo se deduz". Portanto, há uma grande contradição quando se fala em mandato *apud acta* pela aceitação de advogado acompanhando a parte em audiência.

Desta forma, não é, em absoluto, o registro em ata da presença do advogado que faz com que o mandato tácito se transforme em *apud acta*, pois esse não é tácito.

Reforça esse argumento o fato de que, quando existe nos autos um mandato expresso com algum comprometimento, não se há de falar em mandato *apud acta* e, menos ainda, em mandato tácito, pois estar-se-ia admitindo sempre como superada a regularidade do instrumento existente, o que nunca ocorre.

Há hipóteses, raras, na Justiça do Trabalho, em que pode até ocorrer o mandato *apud acta*, e raras exatamente pela simples razão de que as partes, por autorização expressa do art. 839 da Consolidação das Leis do Trabalho, e independentemente do disposto no art. 133 da Constituição da República de 1988, conforme já decidiu o Tribunal Superior do Trabalho, podem reclamar e defender-se sem ter que constituir um advogado.

A jurisprudência, pela Súmula n. 164 do TST, acabou aceitando o mandato tácito, mas não permitiu que o advogado recorra, sem a observância da Lei n. 8.906/99 e de dispositivos do CPC. O verbete sumular tem a seguinte redação: "O não-cumprimento das determinações dos §§ 1º e 2º do art. 5º da Lei n. 8.906, de 4.7.1994 e do art. 37, parágrafo único do Código de Processo Civil importa o não conhecimento de recurso, por inexistente, exceto na hipótese de mandato tácito".

A liberdade, que permitiu ao costume atropelar a lei processual, parece ainda disposta a proporcionar outros avanços mais ousados.

Regra geral, quando o advogado é detentor do mandato tácito e recorre, mas reside fora da sede onde está o Tribunal para o qual é dirigido o recurso, acaba tendo a necessidade de pedir a um outro colega para proceder à sustentação do recurso, ou, até mesmo, autorizá-lo a recorrer da decisão que vier a ser proferida.

Ora, sendo o advogado detentor do mandato tácito, não deve limitar-se ao substabelecimento, mas também deve comprovar estar autorizado para dar ao colega todos os poderes, inclusive os especiais, como o de substabelecer.

Se não o faz deve indagar-se: quem detém mandato tácito pode subscrever? Com a devida *venia* entende-se que não, e para a corrente que pensa de forma diversa se deixa um questionamento para reflexão. Nessa situação, o substabelecimento seria com ou sem reservas?

5.4.2.3. Prazo

A tempestividade é pressuposto que se relaciona com o prazo para a interposição do recurso e, embora pareça dos mais simples de serem satisfeitos, é talvez um dos que mais surpreende as partes. A simplicidade na fixação do octídio no processo do trabalho, para oferecer o recurso ou razões de contrariedade, demonstra ainda grandes dificuldades das partes.

Prazo é um determinado lapso de tempo para fazer ou deixar de fazer alguma coisa. Os prazos para recurso são peremptórios e não podem ser prorrogados por acordo das partes, contando-se a partir da publicação da sentença ou do acórdão.

Nas Varas, há a prática da designação de audiência para a publicação da sentença e a conseqüente notificação da parte para esse fim, considerando-se intimada a parte se a decisão for juntada aos autos no prazo de 48 horas, conforme estabelecido pelo § 2º do art. 851 da Consolidação das Leis do Trabalho.

Quando a juntada não ocorre nesse prazo, ou a parte não for intimada da designação dessa audiência, será intimada da sentença e, estando presente a essa audiência, também acaba sendo notificada.

A dificuldade surgiu a partir de situações em que a parte estava presente em audiência e era notificada pelo correio. Nesta situação, em que havia a concomitância de duas notificações, a primeira pela presença à audiência e a posterior pela notificação do decidido pelo correio, surgiram dúvidas a partir de que dia começaria a fluir o prazo para recurso. E havia partes que tinham conhecimento da decisão, mas aguardavam a intimação e só a partir daí — e, portanto, muito posteriormente — é que entendiam que começava a contar o prazo recursal.

O problema da contagem, a partir da notificação, tinha esteio na Súmula n. 37 do Tribunal Superior do Trabalho, que admitia que o prazo, na hipótese de a parte não comparecer à audiência, fosse contado a partir da intimação da sentença.

O entendimento jurisprudencial sumular, consagrado nesse verbete, não sobreviveu à Súmula da jurisprudência do TST de n. 197, que afirma expressamente que:

"O prazo para recurso da parte que, intimada, não comparecer à audiência em prosseguimento para a prolação da sentença, conta-se de sua publicação".

Ainda há quem continue entendendo, mesmo depois da edição dessa última Súmula, ser necessária a intimação da sentença, em razão do enunciado não esclarecer se publicação em audiência ou pela imprensa.

Com relação à aferição da tempestividade dos recursos interpostos a acórdãos dos Tribunais trabalhistas, esse grau de dificuldade encontrado nas Varas se dilui, em razão de as partes poderem estar presentes às sessões dos Tribunais Regionais e Tribunal Superior do Trabalho e o prazo fluir a partir da publicação do *decisum* nos respectivos Diários. E, aqui, dúvidas não há de que o prazo se conta a partir da publicação do *decisum* na imprensa oficial.

De qualquer forma, é oportuno o registro de uma série de situações envolvendo a contagem do prazo recursal.

A notificação presume-se recebida em 48 horas e constitui ônus de prova do destinatário, se este não a recebe, ou até mesmo se a recebe posteriormente. É o que diz o verbete n. 16 do TST.

Também, quando a intimação tiver lugar na sexta-feira, o prazo começará a ser contado na segunda-feira imediata, ou no primeiro dia útil, se nesse dia não houver expediente. Essa orientação foi consagrada na primeira Súmula do TST.

Quando a notificação ocorrer no sábado, o início do prazo dar-se-á no primeiro dia útil imediato e a contagem no subseqüente. Esta orientação foi traçada pela Súmula n. 262, item I, do TST e, embora pareça de difícil aplicação, porque isso não ocorre em todos os Estados da Federação, superou as divergências que surgiram naqueles lugares onde o Diário de Justiça do Estado circula aos sábados.

Na contagem dos prazos deve prevalecer a exclusão do *dies a quo*, dia em que começa o prazo, e a inclusão do *dies ad quem,* dia do vencimento. Se o primeiro ou o último dia do prazo recair em feriado, ou dia em que não há expediente, ou este se encerrou antes da hora, o prazo prorroga-se para o primeiro dia útil.

Os prazos são contínuos e irreleváveis nos termos do art. 775 da Consolidação das Leis do Trabalho. Por isso, computam-se na fluência do prazo recursal sábados, domingos e feriados.

Quando o início ou o vencimento de prazos ocorrer na supervenção de férias, deve-se levar em consideração o disposto no art. 179 do

Código de Processo Civil, que diz que: "a superveniência de férias suspenderá o curso do prazo; o que lhe sobejar recomeçará a correr a partir do primeiro dia útil seguinte ao termo das férias".

Por outro lado, é oportuno lembrar que, quando o início ou o fim da contagem do prazo ocorrer no denominado "recesso judicial", deve-se estar atento a outra norma da lei processual civil, pois a Lei n. 5.010/66, em seu art. 62 inciso I, estabeleceu que:

> "Além dos fixados em lei, serão feriados na Justiça Federal, inclusive nos Tribunais Superiores:
>
> I — Os dias compreendidos entre 20 de Dezembro e 6 de Janeiro, inclusive".

Portanto, a superveniência de férias e feriados tem conseqüências diversas na aferição da contagem do prazo dos recursos, em razão do disposto na lei processual.

Acontece, porém, que a conclusão anterior deve ser vista com cautela, em razão de a contagem do prazo de recurso, destinado ao Tribunal Superior do Trabalho, estar merecendo conclusão diversa naquela Corte, e isso porque o primeiro período das férias coletivas dos Ministros do TST ocorre em janeiro de cada ano e em sobreposição a seis dias do recesso judicial.

O Tribunal Superior do Trabalho, pelo seu Regimento Interno, ao tratar da matéria no art. 177, diz que: "Não correm os prazos nas férias dos Ministros e pelo § 2º, conclui:

> "Nos casos deste artigo, os prazos começam ou continuam a fluir no dia de reabertura do expediente forense".

Ao tratar dessa matéria, o TST procedeu à uniformização de sua jurisprudência, incluindo no texto da Súmula n. 262 o item II, com a seguinte redação:

> "O recesso forense e as férias coletivas dos Ministros do Tribunal Superior do Trabalho (art. 177, § 1º do RITST) suspendem os prazos recursais".

Com relação à questão da tempestividade, não se poderia deixar de fazer menção ao privilégio do Decreto-lei n. 779/69, que permite computar em dobro os prazos de recursos para a União, Estados, Distrito Federal, Municípios e Autarquias ou Fundações federais, estaduais ou municipais, que não explorem atividade econômica.

O Ministério Público também tem a garantia do prazo em dobro quando recorre. Com relação ao prazo para recorrer como fiscal da lei, têm-se observado algumas oscilações na jurisprudência, pois a atuação do *Parquet* laboral em primeira instância, em princípio, só ocorre nos casos expressamente previstos na lei.

Em verdade, não há razão alguma para qualquer distinção do Órgão ministerial quando atua como parte ou *custos legis*. As situações parecem diversas porque a atuação do órgão se realiza de forma diversa. O Órgão é uno, embora assuma distintas atribuições.

5.4.2.4. Preparo

O preparo envolve o pagamento de custas, emolumentos e depósito *ad recursum*.

No processo do trabalho, a Lei n. 10.537, de 27 de agosto de 2002, alterou os arts. 789 e 790 da Consolidação das Leis do Trabalho, dando-lhes a seguinte redação

> "Art. 789. Nos dissídios individuais e nos dissídios coletivos do trabalho, nas ações e procedimentos de competência da Justiça do Trabalho, bem como nas demandas propostas perante a Justiça Estadual, no exercício da jurisdição trabalhista, as custas relativas ao processo de conhecimento incidirão à base de 2% (dois por cento), observado o mínimo de R$ 10,64 (dez reais e sessenta e quatro centavos) e serão calculadas:
>
> I — quando houver acordo ou condenação, sobre o respectivo valor;
>
> II — quando houver extinção do processo, sem julgamento do mérito, ou julgado totalmente improcedente o pedido, sobre o valor da causa;
>
> III — no caso de procedência do pedido formulado em ação declaratória e em ação constitutiva, sobre o valor da causa;
>
> IV — quando o valor for indeterminado, sobre o que o juiz fixar.
>
> § 1º As custas serão pagas pelo vencido, após o trânsito em julgado da decisão. No caso de recurso, as custas serão pagas e comprovado o recolhimento dentro do prazo recursal.
>
> § 2º Não sendo líquida a condenação, o juízo arbitrar-lhe-á o valor e fixará o montante das custas processuais.
>
> § 3º Sempre que houver acordo, se de outra forma não for convencionado, o pagamento das custas caberá em partes iguais aos litigantes.
>
> § 4º Nos dissídios coletivos, as partes vencidas responderão solidariamente pelo pagamento das custas, calculadas sobre o valor arbitrado na decisão, ou pelo Presidente do Tribunal. (NR).
>
> Art. 790. Nas Varas do Trabalho, nos Juízos de Direito, nos Tribunais e no Tribunal Superior do Trabalho, a forma de pagamento das custas e emolumentos obedecerá às instruções que serão expedidas pelo Tribunal Superior do Trabalho.

§ 1º Tratando-se de empregado, que não tenha obtido o benefício da justiça gratuita, ou isenção de custas, o sindicato que houver intervindo no processo responderá solidariamente pelo pagamento das custas devidas.

§ 2º No caso de não-pagamento das custas, far-se-á execução da respectiva importância, segundo o procedimento estabelecido no Capítulo V deste Título.

§ 3º É facultado aos juízes, órgãos julgadores e presidentes dos tribunais do trabalho de qualquer instância conceder, a requerimento ou de ofício, o benefício da justiça gratuita, inclusive quanto a traslados e instrumentos, àqueles que perceberem salário igual ou inferior ao dobro do mínimo legal, ou declararem, sob as penas da lei, que não estão em condições de pagar as custas do processo sem prejuízo do sustento próprio ou de sua família. (NR)

Art. 2º A Consolidação das Leis do Trabalho — CLT, aprovada pelo Decreto-Lei n. 5.452, de 1º de maio de 1943, passa a vigorar acrescida dos seguintes arts. 789-A, 789-B, 790-A e 790-B:

Art. 789-A. No processo de execução são devidas custas, sempre de responsabilidade do executado e pagas ao final, de conformidade com a seguinte tabela:

I — autos de arrematação, de adjudicação e de remição: 5% (cinco por cento) sobre o respectivo valor, até o máximo de R$ 1.915,38 (um mil, novecentos e quinze reais e trinta e oito centavos);

II — atos dos oficiais de justiça, por diligência certificada:

a. em zona urbana: R$ 11,06 (onze reais e seis centavos);

b. em zona rural: R$ 22,13 (vinte e dois reais e treze centavos);

III — agravo de instrumento: R$ 44,26 (quarenta e quatro reais e vinte e seis centavos);

IV — agravo de petição: R$ 44,26 (quarenta e quatro reais e vinte e seis centavos);

V — embargos à execução, embargos de terceiro e embargos à arrematação: R$ 44,26 (quarenta e quatro reais e vinte e seis centavos);

VI — recurso de revista: R$ 55,35 (cinqüenta e cinco reais e trinta e cinco centavos);

VII — impugnação à sentença de liquidação: R$ 55,35 (cinqüenta e cinco reais e trinta e cinco centavos);

VIII — despesa de armazenagem em depósito judicial — por dia: 0,1% (um décimo por cento) do valor da avaliação;

IX — cálculos de liquidação realizados pelo contador do juízo — sobre o valor liquidado: 0,5% (cinco décimos por cento) até o limite de R$ 638,46 (seiscentos e trinta e oito reais e quarenta e seis centavos).

Art. 789-B. Os emolumentos serão suportados pelo Requerente, nos valores fixados na seguinte tabela:

I — autenticação de traslado de peças mediante cópia reprográfica apresentada pelas partes — por folha: R$ 0,55 (cinqüenta e cinco centavos de real);

II — fotocópia de peças — por folha: R$ 0,28 (vinte e oito centavos de real);

III — autenticação de peças — por folha: R$ 0,55 (cinqüenta e cinco centavos de real);

IV — cartas de sentença, de adjudicação, de remição e de arrematação — por folha: R$ 0,55 (cinqüenta e cinco centavos de real);

V — certidões — por folha: R$ 5,53 (cinco reais e cinqüenta e três centavos).

Art. 790-A. São isentos do pagamento de custas, além dos beneficiários de justiça gratuita:

I — a União, os Estados, o Distrito Federal, os Municípios e respectivas autarquias e fundações públicas federais, estaduais ou municipais que não explorem atividade econômica;

II — o Ministério Público do Trabalho.

Parágrafo único. A isenção prevista neste artigo não alcança as entidades fiscalizadoras do exercício profissional, nem exime as pessoas jurídicas referidas no inciso I da obrigação de reembolsar as despesas judiciais realizadas pela parte vencedora.

Art. 790-B. A responsabilidade pelo pagamento dos honorários periciais é da parte sucumbente na pretensão objeto da perícia, salvo se beneficiária de justiça gratuita.

Art. 3º Esta Lei entra em vigor após decorridos 30 (trinta) dias de sua publicação oficial."

A comprovação do recolhimento, lamentavelmente, não foi tratada pela legislação até a edição da lei retro-mencionada. Até então, a solução foi encontrada na definição jurisprudencial sumular no TST. A sua origem ocorreu após o processamento de um incidente de uniformização de jurisprudência proposto pelo Ministério Público, em razão de uma decisão da Seção de Dissídios Coletivos ter sido proferida em sentido diametralmente oposto a uma outra da Seção de Dissídios Individuais.

Aquela Seção havia concluído não haver prazo para a comprovação do recolhimento desse pagamento, enquanto a Seção Especializada de Dissídios Individuais foi no sentido de que o prazo para a comprovação do recolhimento deveria ser de dez dias, a contar da interposição do recurso (Acórdão SDI n. 4.935/95, proferido no dia 21 de novembro de 1995, no processo TST-E-RR 3497/91.1).

Não era razoável permitir que a comunicação desse pagamento ficasse a bel prazer das partes, ou até mesmo sem qualquer prazo.

A superação ocorreu com a edição da Súmula n. 352 do TST, que acabou por seguir a orientação da Seção Especializada de Dissídios Individuais e estabeleceu que o prazo para comprovação do pagamento das custas, sempre a cargo da parte, é de cinco dias contados do seu recolhimento.

Com a edição da Lei n. 10.537/2002, a orientação jurisprudencial resultou superada, ocorrendo seu cancelamento em 28.11.2002, e o legislador, talvez aproveitando-se do precedente existente, tivesse estabelecido o que é agora determinado legalmente, ou seja, que a comprovação do recolhimento das custas deverá ocorrer dentro do prazo recursal. Resulta evidente que o dispositivo legal se enquadra no princípio da razoabilidade, pois impede uma dilação de prazo, impondo às partes a realização desse recolhimento com o próprio prazo recursal.

A recente lei, embora tenha consagrado o prazo para comprovação, não se reportou à hipótese em que o *quantum* das custas foi estabelecido, mas a jurisprudência sumular também consagrou o entendimento de que o prazo para o pagamento das custas, no caso de recurso, é contado da intimação do cálculo conforme entendimento da Súmula n. 53. Portanto, cabe ao cartório proceder à realização da notificação do cálculo de custas e, só a partir daí, é que a parte está obrigada a fazer o pagamento.

A Súmula da Jurisprudência n. 25 do TST firmou o entendimento de que "a parte vencedora na primeira instância, se vencida na segunda, está obrigada, independentemente de intimação, a pagar as custas fixadas na sentença originária, das quais ficará isenta a parte então vencida".

Há ocasiões em que a modificação da sentença, ou até mesmo do acórdão, provoca acréscimo à condenação e, nessas hipóteses, o recorrente deve estar atento para a correspondente complementação do que já havia efetuado, sob pena de deserção, conforme Verbete sumular n. 128 do TST.

As pessoas jurídicas de direito público não estão sujeitas ao prévio pagamento de custas nas hipóteses de recurso, nos termos do art. 790-A, inciso I, da CLT, e a massa falida também não incorre em deserção, por falta de satisfação desse pagamento, conforme entendimento consagrado na Súmula n. 86.

O Ministério Público, nos termos do § 1º do art. 511 da Lei Processual Civil, não está obrigado a efetuar o pagamento de custas, pois os seus recursos estão dispensados de preparo. A mesma previsão está contida no art. 790-A, inciso II da CLT

Na Justiça do Trabalho há situações de isenção de custas quando o empregado percebe menos que o dobro do mínimo legal, ou prove o seu estado de miserabilidade.

Essa isenção para alguns não traduz uma obrigação do Juiz ou do Tribunal, mas constitui-se numa faculdade. Para outros, a concessão não é apenas "faculdade do Juiz", pois em algumas hipóteses decorre de lei. Entende-se que a motivação da expressão, que promoveu a discórdia, está muito mais voltada para o problema da interpretação do próprio § 3º do art. 790 da CLT, pois a lei usa a expressão "facultado", quando ela puder ser concedida de ofício.

Naquelas situações em que estão previstos os benefícios para a isenção e a parte os requer, não se vê como possa prevalecer essa faculdade ou a vontade do magistrado, frente às normas cogentes, por exemplo. Por outro lado, o estado de necessidade por que passa todo o reclamante desempregado, que reclama perante a Justiça do Trabalho, não precisa de grandes comprovações.

Ainda com relação às custas, é oportuno lembrar que o sindicato que intervir no processo em prol de empregado associado, que não obteve o benefício da justiça gratuita, responde solidariamente pelo respectivo pagamento, nos termos dispostos pelo § 1º do art. 790 da CLT.

O pagamento das custas pelo vencido inclui-se, portanto, entre os pressupostos objetivos dos recursos e não tem que ser realizado como preparo de embargos de declaração, pois estes, embora constem do rol dos recursos, não são considerados como tais. Por outro lado, e para dirimir qualquer dúvida, está o art. 536 da lei processual civil que diz, expressamente, não estarem sujeitos ao preparo.

Se assim não fosse, poderiam estar sujeitos, também, ao pagamento do depósito recursal.

Não se poderia deixar de fazer uma breve alusão à inclusão do § 2º ao art. 511 do Código de Processo Civil pela Lei n. 9.756, de 17 de dezembro de 1998, que dispôs que:

> "A insuficiência do valor do preparo implicará em deserção se o recorrente, intimado, não vier a supri-lo no prazo de 5 (cinco) dias".

A dúvida que a lei sepultou, com relação a uma discussão que se vinha arrastando pela via da divergência interpretativa, em verdade, não contribui em nada para aperfeiçoar o processo do trabalho, no sentido de o tornar definitivamente mais célere. Se a parte é notificada a efetuar o pagamento de uma determinada quantia, deve realizá-la, sob pena de deserção e não sob pena de uma nova notificação para complementar o que de forma injustificada deixou de fazer.

Tudo isso onera o Poder Judiciário e impõe às partes uma espera injustificável, especialmente para quem está, na maioria das vezes, desempregado e aguardando pequenas quantias que atenderão, quando muito, ao sustento mais elementar da vida.

O art. 899 da Consolidação das Leis do Trabalho exigiu como condição de recorribilidade o depósito recursal. Essa exigência deverá ser atendida com a interposição do recurso, sob pena de o mesmo encontrar óbice ao conhecimento, ou até mesmo ao processamento, por deserção.

A obrigatoriedade do depósito objetiva à garantia da execução e, ao mesmo tempo, impede que se recorra pela simples emulação de recorrer.

Não basta, no entanto, que haja uma condenação para justificar o depósito na hipótese de recurso. É necessário que seja em pecúnia, pois se não for "descabe o depósito prévio" de que tratam os §§ 1º e 2º do art. 899 da Consolidação das Leis do Trabalho, conforme orientação jurisprudencial traçada pela Súmula n. 161 do TST.

A egrégia Terceira Turma do Tribunal Superior do Trabalho, em recente decisão, ao não conhecer do Recurso de Revista n. 578.694/99 DJU, deixou incólume decisão proferida por Tribunal Regional do Trabalho, que entendeu que se o recorrente é o empregado condenado em reconvenção, está obrigado à realização do depósito *ad recursum*.

O acórdão, a bem da verdade, peca pela ausência de boa técnica, pela simples razão de que se a turma não conheceu do recurso de revista, não esgrimiu o mérito, e, logo, o acórdão não deveria exibir na ementa a tese de mérito. Quando muito, deveria sintetizar o entendimento que motivou o não-conhecimento do recurso extremo.

Registre-se, por oportuno, que o valor dessa decisão serve apenas para deixar antever o que a Turma decidiria se tivesse adentrado no mérito.

Por outro lado, deve ser realçada a importância do alerta sobre o não-pronunciamento quanto ao mérito, pois esse motivo, por si só, já é suficiente para afirmar que a ementa ou os fundamentos do acórdão não se prestam ao fundamento do dissenso de teses. Esse acórdão, portanto, não serve de paradigma válido para fundamentar o recurso de embargos de divergência.

Não é muito comum na redação de acórdãos a adoção de ementas, como a da decisão em comento, pela impropriedade técnica com que foi redigida, pois servem apenas para provocar confusões e permitir aos menos experientes o cotejo inválido de divergência jurisprudencial.

Essa decisão foi publicada no Diário da Justiça do dia 22.11.2002 e está assim redigida:

"RECURSO DE REVISTA. DESERÇÃO EXIGÊNCIA DO RECOLHIMENTO DO DEPÓSITO RECURSAL POR PARTE DO EMPREGADO CONDENADO EM RECONVENÇÃO. IMPOSSIBILIDADE.

A reconvenção é a ação proposta pelo Réu (reconvinte) contra o autor (reconvindo) no mesmo processo por este instaurado contra aquele. Ainda que tratada pelo Código como modalidade de resposta do réu, a reconvenção é verdadeira ação, distinta da originária, com a qual há de ser conexa ou com o fundamento da defesa (art. 315, *caput*, do CPC).

O depósito recursal é pressuposto extrínseco para a admissibilidade de recurso em que haja condenação, como dispõe o § 1º do art. 899 da CLT. Já que compete à Justiça do Trabalho conciliar e julgar os dissídios individuais e coletivos entre trabalhadores e empregadores (art. 114 da constituição da República), e não exclusivamente ação de empregado contra empregador, tanto empregado como empregador podem ser condenados ao pagamento de determinado valor.

Esta Corte, ao interpretar o art. 8º da Lei n. 8.542, de 23.12.1992, que trata do depósito para recurso nas ações na Justiça do Trabalho, consagrou que o depósito não tem natureza jurídica de taxa de recurso, mas de garantia do juízo recursal, que pressupõe decisão condenatória ou executória de obrigação de pagamento em pecúnia, com valor líquido ou arbitrado.

Declaração de deserção de recurso sem violação dos incisos XXXV e LXXIV da Constituição da República.

Recurso de Revista não conhecido.

Vistos, relatados e discutidos estes autos de Recurso de Revista n. TST-RR-578.694/1999.0, em que é Recorrente ROSENO MANOEL DE LIMA e Recorrida SIA TELE LANCHES LTDA.

O egrégio Tribunal Regional do Trabalho da 10ª Região, em acórdão de fls. 124/128, não conheceu do recurso ordinário do reclamante interposto contra a sentença em 1º grau, relativamente à reconvenção. O Regional fundamentou que o recurso estava deserto, pois o demandante não recolheu o depósito recursal prévio da importância objeto da condenação. No caso, o pedido deduzido na reconvenção foi acolhido integralmente, tendo sido o autor condenado ao pagamento da importância equivalente a R$ 3.148,68 (três mil, cento e quarenta e oito reais e sessenta e oito centavos).

O Eg. TRT ressaltou que o artigo 899, § 1º, da CLT, aplica-se ao recorrente, seja ele empregado ou empregador, valendo pontuar que a constitucionalidade da exigência de depósito recursal, frente à garantia de acesso à Justiça, e o amplo direito de defesa são alvo da Ação Direta de Inconstitucionalidade (ADIn-836), perante o Supremo Tribunal Federal, Corte que sinalizou com ausência de violação à garantia constitucional mencionada, ao negar a liminar para suspender a eficácia do artigo 8º da Lei n. 8.542/92. O Regional acrescentou que a concessão dos benefícios da gratuidade da Justiça não alcança a exigência do depósito recursal, conforme dispõe o art. 3º da Lei n. 1.060/50. O Tribunal, porém, quanto à parte do recurso ordinário em que o reclamante insurgia-se contra a sentença de 1º grau, que julgou parcialmente procedente a ação trabalhista, decidiu que estavam presentes os pressupostos processuais de admissibilidade, motivo pelo qual o recurso merecia conhecimento. O Regional, assim, rejeitou a preliminar de nulidade da sentença de 1º grau por cerceamento de defesa, em razão da reabertura da instrução processual, cujo encerramento havia ocorrido em virtude da imotivada ausência do reclamado à audiência em que deveria defender-se. O Regional expôs que não procedia o inconformismo do Autor quanto ao acolhimento da justificativa apresentada pelo demandado — acidente de tráfego, minutos antes da audiência, apenas com a apresentação do Boletim de Ocorrência expedido por provocação do próprio reclamado. O Regional consignou que as nulidades processuais não são pronunciadas senão por provocação das partes, que deverão argüí-las na primeira vez que tiverem de falar em audiência ou nos autos. O Regional expôs que, no caso dos autos, o vício processual invocado teria sido perpetrado com a decisão de fl. 44, da qual foi intimado o reclamante em 22.10.98, que se manteve silente. A Corte *a quo* consignou que, na audiência realizada no dia 16.11.98, nenhuma argüição foi suscitada, operando-se a preclusão. Com relação aos descontos, o Regional manteve a sentença de 1º grau, sob o fundamento de que o reclamante não comprovou a falsidade do recibo de adiantamento de R$ 600,00. Isto porque, esclareceu o Regional, apresentada a defesa e requerida a compensação da importância constante do documento de fl. 66, o autor alegou que o salário percebido não comportava tal desconto, tendo assinado o documento em branco para receber pequena importância em adiantamento e não R$ 600,00. Em depoimento, como num repentino surto de memória, o reclamante declarou que o vale assinado era de R$ 6,00 (seis reais), importância não mencionada em réplica (fls. 128). Por último, no tocante à questão do salário-base, o Regional decidiu pela manutenção da sentença de 1º grau, que considerou o valor da maior remuneração informada na defesa, qual seja, R$ 255,24.

Inconformado, o demandante interpõe recurso de revista às fls. 130/133. O recorrente alega que deveria ser anulada a reabertura da instrução, uma vez que o Boletim de Ocorrência, que determinou o convencimento do Juízo *a quo* para afastar a revelia, é imprestável como meio de prova, pois o condutor do veículo envolvido no alegado acidente com a reclamada não compareceu à Delegacia e tampouco houve testemunha sobre o fato. Alega que houve má-fé da reclamada, pois não existiu perícia do veículo e não apareceu o outro veículo envolvido. O recorrente requer, assim, o provimento do apelo para que seja anulada a reabertura da instrução. Quanto aos descontos, o recorrente inconforma-se quanto à afirmação da reclamada de que o adiantamento foi no valor de R$ 600,00, pois, sendo sua renda de R$ 200,00 por mês, seria inviável o desconto mensal, uma vez que seria necessário trabalhar três meses sem nada receber, o que é vedado pelo art. 462 da CLT. Quanto à reconvenção, o recorrente alega que não poderia o empregador colocar sobre ele toda a responsabilidade pelo pagamento dos prejuízos causados pelo acidente automobilístico, quando o proprietário da empresa assumiu a culpa perante os donos dos veículos danificados. Alega que a soma dos valores comprovadamente pagos não chegam ao valor da condenação de R$ 3.148,68, não havendo nos autos nenhum recibo neste valor. No que se refere à deserção, o recorrente aduz que o Regional deveria levar em consideração a declaração de pobreza juntada aos autos e o contido nos incisos XXXV e LXXIV do art. 5º da Constituição da República.

O recurso foi admitido às fls. 223.

Não há contra-razões.

Os autos não foram enviados ao Ministério Público do Trabalho por força do item III da Resolução Administrativa n. 322/96.

É o relatório, da lavra da ilustre Relatora.

VOTO

1 CONHECIMENTO

DESERÇÃO EXIGÊNCIA DO RECOLHIMENTO DO DEPÓSITO RECURSAL POR EMPREGADO CONDENADO EM RECONVENÇÃO — IMPOSSIBILIDADE

O Regional não conheceu o recurso ordinário do reclamante interposto contra a sentença de 1º grau, relativamente à reconvenção. O Regional fundamentou que o recurso estava deserto, pois o demandante não recolheu o depósito recursal prévio da importância objeto da condenação. No caso, o pedido deduzido na reconvenção foi acolhido integralmente, tendo sido o autor condenado ao pagamento da importância equivalente a R$ 3.148,68 (três mil, cento e quarenta e oito reais e sessenta e oito centavos). O TRT ressaltou que o artigo 899, § 1º, da CLT aplica-se ao recorrente, seja ele empregado ou empregador, valendo pontuar que a constitucionalidade da exigência de depósito recursal frente à garantia de acesso à Justiça e o amplo direito de defesa é alvo da Ação Direta de Inconstitucionalidade (ADIn-836), perante o Supremo Tribunal Federal, Corte que sinalizou com ausência de violação à garantia constitucional mencionada, ao negar a liminar para suspender a eficácia do art. 8º da Lei n. 8.542/92. O Regional acrescentou que a concessão dos benefícios da gratuidade da Justiça não alcança a exigência do depósito recursal, conforme dispõe o art. 3º da Lei n. 1.060/50.

O recorrente aduz que o Regional deveria levar em consideração a declaração de pobreza juntada aos autos e o contido nos incisos XXXV e LXXIV do art. 5º da Constituição da República.

A reconvenção é a ação proposta pelo Réu (reconvinte) contra o autor (reconvindo), no mesmo processo por este instaurado contra aquele. Ainda que tratada pelo Código como modalidade de resposta do réu, a reconvenção é verdadeira ação, distinta da originária, com a qual há de ser conexa ou com o fundamento da defesa (art. 315, *caput*, do CPC).

O depósito recursal é pressuposto extrínseco para a admissibilidade de recurso em que haja condenação, como dispõe o § 1º do art. 899 da CLT. Já que compete à Justiça do Trabalho conciliar e julgar os dissídios individuais e coletivos entre trabalhadores e empregadores (art. 114 da constituição da República), e não exclusivamente ação de empregado contra empregador, tanto empregado como empregador podem ser condenados ao pagamento de determinado valor.

Esta Corte, ao interpretar o art. 8º da Lei n. 8.542, de 23.12.1992, que trata do depósito para recurso nas ações na Justiça do Trabalho, consagrou que o depósito não tem natureza jurídica de taxa de recurso, mas de garantia do juízo recursal, que pressupõe decisão condenatória ou executória de obrigação de pagamento em pecúnia, com valor líquido ou arbitrado.

O Regional declara, no acórdão à fl.125, que foi acolhido integralmente o pedido deduzido na reconvenção, com a condenação do reclamante, autor na ação originária, ao pagamento da importância de R$ 3.148,68 (três mil, cento e quarenta e oito reais e sessenta e oito centavos). Por não ter efetuado o depósito recursal, não conheceu do recurso do reclamante por deserto, destacando que a concessão dos benefícios da gratuidade da Justiça não alcança a exigência de depósito recursal, nos termos do art. 3º da Lei n. 1.060/50.

Fê-lo muito bem, sem ofensa aos incisos XXXV e LXXIV do art. 5º da Constituição da República. O primeiro inciso, constitucionalmente, garante a apreciação do Poder Judiciário a lesão ou ameaça a direito, o que a manifestação do Regional e o julgamento do presente recurso deixam evidenciado. O inciso LXXIV obriga o Estado a prestar assistência judiciária integral e gratuita aos que comprovarem insuficiência de recurso, hipótese de que não se cuida.

Nem se diga que não há conta vinculada para se efetivar o depósito, pois a Instrução Normativa n. 3/93 dessa Corte, em seu item II, alínea *d*, regulamenta que o depósito será efetivado na conta do empregado no FGTS ou fora dela, desde que feito na sede do juízo e permaneça à disposição deste, mediante guia de depósito judicial extraída pela Secretaria Judiciária.

Não Conheço.

ISTO POSTO

ACORDAM os Ministros da 3ª Turma do Tribunal Superior do Trabalho, por maioria, não conhecer do Recurso de Revista, vencida a Sra. Juíza Eneida Melo Correia de Araújo, Relatora.

Brasília, 23 de outubro de 2002.

CARLOS ALBERTO REIS DE PAULA

Redator Designado" (*Sic*)

Tem-se discutido muito sobre o pesado ônus que é imposto aos empregadores, que acabam tendo inúmeras reclamatórias trabalhistas em fase de recurso, e os defensores mais convictos dessa corrente entendem que essa carga, além de injusta, é inconstitucional. Entende-se, também, como *Antonio Álvares da Silva*:

> "A oneração da faculdade de recorrer não é inconstitucional nem injusta. Apenas procura conciliar o direito de ação com o de defesa, no âmbito especial do processo do trabalho, construindo uma verdadeira isonomia entre elas através da coibição do abuso dos recursos".[9]

Também não se pode deixar de ignorar o significado do prejuízo que um expressivo número de trabalhadores teve com os recursos protelatórios, em tempos não muito remotos e em época de inflação astronômica, em que quem tinha dinheiro ganhava mais dinheiro ainda na ciranda financeira à custa da própria miséria. Não se deve generalizar, mas também não se pode deixar de reconhecer que alguns recorrentes se utilizaram desse expediente, trazendo prejuízos irreparáveis não só ao Judiciário trabalhista como, também, àqueles que vinham a juízo reclamar por parcelas de natureza alimentar.

---

(9) SILVA, Antonio Álvares. *Questões Polêmicas de Direito do Trabalho*. São Paulo: LTr, 1993, v. III, p. 27.

A reversão dessa situação acabou atingindo os empregadores menos favorecidos, muito mais em razão da péssima qualidade legislativa, consubstanciada no art. 40 da Lei n. 8.177/91, que tratou da desindexação da economia e que resultou mantido com a redação conferida ao art. 8º da Lei n. 8.542 de 23 de dezembro de 1992, que tratou da política nacional de salários e depósito recursal.

As interpretações que lhe foram emprestadas, até com o objetivo de suprir a qualidade legislativa, com a devida *venia*, impediram que o valor atribuído ao depósito pudesse ser o marco da idealização prática da autêntica finalidade do depósito *ad recursum* no processo trabalhista.

O art. 8º da Lei n. 8.542 de 23.12.92 deu a seguinte redação ao art. 40 do diploma legal anteriormente citado:

> Art. 40. O depósito recursal de que trata o artigo 899 da Consolidação das Leis do Trabalho fica limitado a Cr$ 20.000.000,00 (vinte milhões de cruzeiros) nos casos de interposição de recurso ordinário, e de Cr$ 40.000,00(quarenta milhões de cruzeiros) em se tratando de recurso de revista, embargos infringentes e recursos extraordinários, sendo devido a cada novo recurso interposto no decorrer do processo.
>
> § 1º Em se tratando de condenação imposta em ação rescisória, o depósito recursal terá, como limite máximo, qualquer que seja o recurso, o valor de Cr$ 40.000.000,00(quarenta milhões de cruzeiros).
>
> § 2º A exigência de depósito aplica-se, igualmente, aos embargos, à execução e a qualquer recurso subsequente do devedor.
>
> § 3º O valor do recurso ordinário, quando interposto em dissídio coletivo, será equivalente ao quádruplo do previsto no *caput* deste artigo.
>
> § 4º Os valores previstos neste artigo serão reajustados bimestralmente pela variação acumulada do INPC do IBGE dos dois meses imediatamente anteriores.

Como o § 4º previu um reajuste bimestral pela variação acumulada do INPC do IBGE, o Excelentíssimo Senhor Presidente do egrégio Tribunal Superior do Trabalho, após o fornecimento desses índices pelo IBGE, passou a atualizar, a partir daquela data, a correção monetária dos valores do depósito. Esses valores atualizados constam da tabela, a seguir, publicada no Diário de Justiça, a qual, por sua utilidade prática, permite avaliar a adequação de depósitos em diversos períodos. A evolução do seu montante é o resultado da evolução dos índices.

TABELA DE VALORES DE DEPÓSITOS RECURSAIS

Data da Publicação	Legislação	Recurso Ordinário	Recurso de Revista Embargos Recurso Extraordinário	Recurso em Ação Rescisória
DJ 29.7.05	ATO.GP 173/05	R$ 4.678,13	R$ 9.356,25	R$ 9.356,25
DJ 5.8.04	ATO.GP 371/04	R$ 4.401,76	R$ 8.803,52	R$ 8.803,52
DJ 25.7.03 (republicado no DJ em 31.7.03)	ATO.GP 294/03	R$ 4.169,33	R$ 8.338,66	R$ 8.338,66
DJ 25.7.02	ATO.GP 284/02	R$ 3.485,03	R$ 6.970,05	R$ 6.970,05
DJ 26.7.01 (circulou em 1º.8.01)	ATO.GP 278/01	R$ 3.196,10	R$ 6.392,20	R$ 6.392,20
DJ 26.7.00	ATO.GP 333/00	R$ 2.957,81	R$ 5.915,62	R$ 5.915,62
DJ 2.8.99	ATO.GP 237/99	R$ 2.801,49	R$ 5.602,98	R$ 5.602,98
DJ 31.7.98	ATO.GP 311/98	R$ 2.709,64	R$ 5.419,27	R$ 5.419,27
DJ 1º.8.97	ATO.GP 278/97	R$ 2.591,71	R$ 5.183,42	R$ 5.183,42
DJ 5.9.96	ATO.GP 631/96	R$ 2.446,86	R$ 4.893,72	R$ 4.893,72
DJ 30.8.95	ATO.GP 804/95	R$ 2.103,92	R$ 4.207,84	R$ 4.207,84
DJ 4.8.94 Rep. 5.8.94	ATO.GP 409/94	R$ 1.577,39	R$ 3.154,78	R$ 3.154,78
DJ 4.7.94	ATO.GP 332/94	R$ 1.538,10	R$ 3.076,21	R$ 3.076,21
DJ 16.5.94	ATO.GP 235/94	CR$ 2.050.210,12	CR$ 4.100.420,44	CR$ 4.100.420,44
DJ 23.3.94	ATO.GP 116/94	CR$ 1.003.038,22	CR$ 2.006.076,54	CR$ 2.006.076,54
DJ 17.1.94	ATO.GP 18/94	CR$ 504.927,39	CR$ 1.009.854,79	CR$ 1.009.854,79
DJ 16.11.93	ATO.GP 1.040/93	CR$ 269.567,77	CR$ 539.135,55	CR$ 539.135,55
DJ 13.9.93	ATO.GP 879/93	CR$ 148.195,59	CR$ 296.391,18	CR$ 296.391,18
DJ 2.7.93	ATO.GP 723/93	Cr$ 84.838.333,31	Cr$ 169.676.666,55	Cr$ 169.676.666,55
DJ 29.4.93	ATO.GP 583/93	Cr$ 52.401.688,27	Cr$ 104.803.376,50	Cr$ 104.803.376,50
DJ 12.3.93 Rep. 16.3.93		Cr$ 32.138.416,20	Cr$ 64.276.833,20	Cr$ 64.276.833,20
DO 24.12.92	Lei n. 8.542, art. 8º	Cr$ 20.000.000,00	Cr$ 40.000.000,00	Cr$ 40.000.000,00
DO 4.3.91	Lei n. 8.177, art. 40	Cr$ 420.000,00	Cr$ 840.000,00	Cr$ 840.000,00

A lei, ao estabelecer esses valores, não pretendeu fixar o limite mínimo, mas previu o contrário, quando dispôs que o depósito ficaria limitado ao teto. Ora, com isso, pretendeu dizer que será feito pelo valor da condenação até ao limite fixado. Portanto, os valores legalmente exigíveis na hipótese de a condenação ser inferior são aqueles relativos à condenação.

Inúmeras vozes, com muita propriedade, se levantaram para apontar a deficiência da lei que alterou os valores do depósito *ad recursum* no processo do trabalho e as dúvidas acabaram por motivar o egrégio Tribunal Superior do Trabalho a promover a "interpretação forçada da lei".

Wagner Giglio, por exemplo, com muita lucidez dá esse destaque, chegando mesmo a cogitar da própria inconstitucionalidade da lei, na medida em que

> "O Tribunal Superior do Trabalho não tem competência legislativa original, para alterar os valores dos depósitos, nem pode receber tal delegação por lei ordinária, posto que a delegação legislativa, exceção que é, só pode ser admitida nos casos expressamente admitidos na Constituição".(10)

A Instrução Normativa n. 3 do Tribunal Superior do Trabalho "interpreta o art. 8º da Lei n. 8.542, de 23 de dezembro de 1992, que trata do depósito para recurso nas ações na Justiça do Trabalho", é praticamente o instrumento que acabou regulando os depósitos no processo do trabalho, e tem-se sujeitado a pequenos ajustes nos termos da evolução da própria orientação jurisprudencial da Seção de Dissídios Individuais do Tribunal Superior do Trabalho.

A Instrução tem o seguinte teor:

> "I — Os depósitos de que trata o art. 40, e seus parágrafos, da Lei n. 8.177/91, com a redação dada pelo art. 8º da Lei n. 8.542/92, não têm natureza jurídica de taxa de recurso, mas de garantia do juízo recursal, que pressupõe decisão condenatória ou executória de obrigação de pagamento em pecúnia, com valor líquido ou arbitrado.
>
> II — No processo de conhecimento dos dissídios individuais o valor do depósito é limitado a Cr$ 20.000.000,00 (vinte milhões de cruzeiros), ou novo valor corrigido, para o recurso ordinário, e a Cr$ 40.000.000,00 (quarenta milhões de cruzeiros), ou novo valor corrigido, para cada um dos recursos subseqüentes, isto é, de revista, de embargos (ditos impropriamente infringentes) e extraordinário, para o Supremo Tribunal Federal, observando-se o seguinte:

---

(10) GIGLIO, Wagner D. "Depósito Recursal, Alterações decorrentes da Lei n. 8.177". *Suplemento Trabalhista LTr*, XXVII, 1991, p. 283-286.

a) depositado o valor total da condenação, nenhum depósito será exigido nos recursos das decisões posteriores, salvo se o valor da condenação vier a ser ampliado;

b) se o valor constante do primeiro depósito, efetuado no limite legal, é inferior ao da condenação, será devida complementação de depósito em recurso posterior, observado o valor nominal remanescente da condenação e/ou os limites legais para cada novo recurso;

c) havendo acréscimo ou redução da condenação em grau recursal, o juízo prolator da decisão arbitrará novo valor à condenação, quer para a exigibilidade de depósito ou complementação do já depositado, para o caso de recurso subseqüente, quer para liberação do valor excedente decorrente da redução da condenação;

d) nos dissídios individuais singulares o depósito será efetivado pelo recorrente, mediante a utilização das guias correspondentes, na conta do empregado no FGTS — Fundo de Garantia do Tempo de Serviço, em conformidade com os §§ 4º e 5º do art. 899 da CLT, ou fora dela, desde que feito na sede do juízo e permaneça à disposição deste, mediante guia de depósito judicial extraída pela Secretaria Judiciária;

e) nas reclamatórias plúrimas e nas em que houver substituição;

f) processual, será arbitrado o valor total da condenação, para o atendimento da exigência legal do depósito recursal, em conformidade com as alíneas anteriores, mediante guia de depósito judicial extraída pela Secretaria Judiciária do órgão em que se encontra o processo;

g) com o trânsito em julgado da decisão condenatória, os valores que tenham sido depositados e seus acréscimos serão considerados na execução;

h) com o trânsito em julgado da decisão que absolveu o demandado da condenação, ser-lhe-á autorizado o levantamento do valor depositado.

III — Julgada procedente ação rescisória e imposta condenação em pecúnia, será exigido um único depósito recursal, até o limite máximo de Cr$ 40.000.000,00 (quarenta milhões de cruzeiros), ou novo valor corrigido, dispensado novo depósito para os recursos subseqüentes, observando-se o seguinte:

a) o depósito será efetivado pela parte recorrente vencida, mediante guia de depósito judicial expedida pela Secretaria Judiciária, à disposição do juízo da causa; b) com o trânsito em julgado da decisão, se condenatória, o valor depositado e seus acréscimos serão considerados na execução; se absolutória, será liberado o levantamento do valor do depositado e seus acréscimos.

IV — A exigência de depósito no processo de execução observará o seguinte:

a) a inserção da vírgula entre as expressões "...aos embargos" e "à execução..." é atribuída a erro de redação, devendo ser considerada a locução "embargos à execução";

b) dada a natureza jurídica dos embargos à execução, não será exigido depósito para a sua oposição quando estiver suficientemente garantida a execução por depósito recursal já existente nos autos, efetivado no processo de conhecimento, que permaneceu vinculado à execução, e/ou pela nomeação ou apreensão judicial de bens do devedor, observada a ordem preferencial estabelecida em lei;

c) garantida integralmente a execução nos embargos, só haverá *exigência de depósito* em qualquer recurso subseqüente do devedor se tiver havido elevação do valor do débito, hipótese em que o depósito recursal corresponderá ao valor do acréscimo, sem qualquer limite;

d) o depósito previsto no item anterior será efetivado pelo executado recorrente, mediante guia de depósito judicial expedida pela Secretaria Judiciária, à disposição do juízo da execução;

e) com o trânsito em julgado da decisão que liquidar a sentença condenatória, serão liberados em favor do exeqüente os valores disponíveis, no limite da quantia exeqüenda, prosseguindo, se for o caso, a execução por crédito remanescente, e autorizando-se o levantamento, pelo executado, dos valores que acaso sobejarem.

V — Nos termos da redação do § 3º do art. 40, não é exigido depósito para recurso ordinário interposto em dissídio coletivo, eis que a regra aludida atribui apenas valor ao recurso, com efeitos limitados, portanto, ao cálculo das custas processuais.

VI — Os valores alusivos aos limites de depósito recursal serão reajustados bimestralmente pela variação acumulada do INPC do IBGE dos dois meses imediatamente anteriores, e serão calculados e publicados no DJ por ato do Presidente do Tribunal Superior do Trabalho, tornando-se obrigatória a sua observância a partir do quinto dia seguinte ao da publicação.

VII — Toda decisão condenatória ilíquida deverá conter o arbitramento do valor da condenação. O acréscimo de condenação em grau recursal, quando ilíquido, deverá ser arbitrado também para fins de depósito.

VIII — O depósito judicial, realizado na conta do empregado no FGTS ou em estabelecimento bancário oficial, mediante guia à disposição do juízo, será da responsabilidade da parte quanto à exatidão dos valores depositados e deverá ser comprovado, nos autos, pelo recorrente, no prazo do recurso a que se refere, independentemente da sua antecipada interposição, observado o limite do valor vigente na data da efetivação do depósito, bem como o contido no item VI.

IX — É exigido depósito recursal para o recurso adesivo, observados os mesmos critérios e procedimentos do recurso principal previsto nesta Instrução Normativa.

X — Não é exigido depósito recursal, em qualquer fase do processo ou grau de jurisdição, dos entes de direito público externo e das pessoas de direito público contempladas no Decreto-Lei n. 779, de 21.8.69, bem assim da massa falida, da herança jacente e da parte que, comprovando insuficiência de recursos, receber assistência judiciária integral e gratuita do Estado (art. 5º, LXXIV, CF).

XI — Não se exigirá a efetivação de depósito em qualquer fase ou grau recursal do processo, fora das hipóteses previstas nesta Instrução Normativa.

XII — Os processos em curso no período intercorrente entre 24 de dezembro de 1992 e 15 de março de 1993, data da vigência desta Instrução Normativa, serão a ela adequados quanto ao depósito para recurso, por iniciativa do juiz ou órgão julgador competente, que determinará, quando for o caso, a intimação da parte para que regularize o depósito no prazo de oito dias.

XIII — Havendo acordo para extinção do processo, as partes disporão sobre o valor depositado. Na ausência de expressa estipulação dos interessados, o valor disponível será liberado em favor da parte depositante.

XIV — Esta Instrução Normativa entrará em vigor no dia 15 de março de 1993 e será reexaminada, no que couber, para guardar conformidade com o que vier a ser decidido pelo Supremo Tribunal Federal na Ação Direta de Inconstitucionalidade n. 836-6/DF, ficando revogada a Instrução Normativa n. 2, de 30 de abril de 1991, deste Tribunal."

A jurisprudência, com relação à complementação do depósito, está hoje pacificada no texto da Súmula n. 128, item I, que tem a seguinte redação:

"É ônus da parte recorrente efetuar o depósito legal, integralmente, em relação a cada novo recurso interposto sob pena de deserção. Atingido o valor da condenação, nenhum depósito mais é exigido para qualquer recurso".

Os valores atualizados pelo Tribunal Superior do Trabalho, no caso do depósito *ad recursum*, só devem ser atendidos quando a condenação a que foi submetido o recorrente for igual ou superior pois, como já anteriormente referido, na hipótese de a condenação ser inferior, basta que o recorrente se restrinja à satisfação do mesmo.

5.5. O juízo de admissibilidade no processo do trabalho

No Direito do Trabalho são muito pouco freqüentes as discussões resultantes da interposição de recursos no órgão judicial perante o qual os mesmos foram apresentados. Em artigo anterior registrei o seguinte entendimento:

'O processo do trabalho não abandonou a regra da sistemática recursal, que condiciona a interposição dos recursos no juízo recorrido que, no primeiro grau, é sempre o Juiz da Vara ou o Juiz de Direito investido nas funções de Juiz do Trabalho. Seu titular no segundo grau é o Presidente do Tribunal Regional do Trabalho. Já os recursos interpostos para a Seção de Dissídios Individuais no Egrégio Tribunal Superior do Trabalho têm como Juízo de Admissibilidade o Ministro Presidente da Turma prolatora do acórdão recorrido. O titular do Juízo de Admissibilidade do recurso extraordinário para o Supremo Tribunal Federal pertence ao Presidente do Tribunal Superior do Trabalho.

O Juízo de Admissibilidade fraciona-se em *a quo* e *ad quem*. O primeiro é sempre um órgão singular e pode pronunciar a admissibilidade, conquanto as condições legais do pedido hajam ou não sido atendidas.

A comprovação feita neste órgão não subtrai ao órgão *ad quem* a questão da admissibilidade, e tampouco vincula o Tribunal Superior.

O Juízo de Admissibilidade *ad quem* poderá ser um órgão singular, como ocorre na hipótese do § 5º do art. 896 da Consolidação das Leis do Trabalho, como também poderá ser o próprio colégio judicial. O controle de admissibilidade feito pelo órgão *ad quem*, em verdade, acaba sendo mais livre, amplo e até mesmo mais rigoroso. A prova disso é o desconhecimento da maioria dos recursos nos Tribunais e o seu próprio trancamento.

Na Justiça do Trabalho, durante algum tempo, inúmeros foram os agravos de instrumento manifestados contra despacho proferido pelo Juiz de Admissibilidade *a quo* que admitia parcialmente o recurso de revista. A alínea 'b' do art. 897 da Consolidação das Leis do Trabalho sempre neutralizou o cabimento desses recursos, pois no processo do trabalho só é cabível o agravo de instrumento contra despacho que denega o processamento. Por outro lado, inexiste a admissibilidade parcial de recurso, pois, como referido, o exame da admissibilidade que se inicia no Juízo recorrido jamais é subtraído ao órgão *ad quem* que o deverá apreciar em sua integral devolutividade. O Enunciado da Súmula da Jurisprudência do TST, de n. 285, pacificou a matéria:

"O fato de o Juiz Primeiro de Admissibilidade do recurso de revista entendê-lo cabível apenas quanto à parte das matérias veiculadas não impede a apreciação integral pela Turma do Tribunal Superior do Trabalho, sendo imprópria a interposição de agravo de instrumento".

As partes, para provocarem a revisão do decidido terão, necessariamente, que satisfazer os requisitos de admissibilidade dos recursos.

O Juízo de Admissibilidade *a quo* tem competência para verificar o atendimento desses pressupostos mas, jamais, poderá decidir sobre o mérito. Quando é positivo não é passível de recurso, conforme se depreende da norma consagrada no § 1º do art. 893 da Consolidação das Leis do Trabalho. Todavia, se for negativo, cabe o gravame.

Segundo o Magistério de *José Carlos Barbosa Moreira*, "depois de admitido o recurso... já não se lhe poderá negar seguimento: só ao Juízo Superior competirá a declaração de inadmissibilidade".

O Ministro *Coqueijo Costa* vai mais além, ao concluir que:

"O Juízo Positivo de Admissibilidade cria direito processual adquirido para o recorrente". Este entendimento doutrinário, com a devida *venia*, não parece concorrente no processo do trabalho com um dos princípios que o informam: o princípio de economia processual. A impossibilidade de uma reconsideração negativa só traz prejuízos à parte contrária e até mesmo ao próprio judiciário. Um equívoco, cometido pelo Juízo de Admissibilidade *a quo*, no exame formal dos fundamentos do recurso, pode ser reparado de modo simples numa reconsideração negativa. O entendimento consagrado doutrinariamente só poderá aproveitar ao recorrente em termos de tempo, pois em equívocos gritantes o despacho negativo passará por certo, a ser a decisão do Juízo *ad quem*. Somente o efeito será retardado. A reconsideração posterior, obstaculizando o prosseguimento de recurso já admitido, na prática, assume papel de relevo para a celeridade do procedimento trabalhista e evita prejuízos materiais ao Judiciário, já tão assoberbado de trabalho.

A injustiça do *error in procedendo,* se houver, poderá ser facilmente reparada pela interposição de agravo de instrumento.

Finalmente, não se pode deixar de destacar a necessidade de ser o recurso interposto no órgão de admissibilidade competente, pois, às vezes, uma falta de atenção, para esse particular, poderá trazer à parte conseqüências imprevisíveis. Por oportuno e, para ratificar essa apreensão aos desavisados, não seria demasiado lembrar pelo menos duas decisões de Turmas do Tribunal Superior do Trabalho, que poderão fazer prevenir a imprudência.

A Egrégia Turma do Tribunal Superior do Trabalho no Recurso de Revista n. 5.202/84, julgado em 27 de junho de 1985, acolheu preliminar de intempestividade argüída em contra-razões e deixou de conhecer do recurso por ter sido a revista apresentada ao Presidente da MM. Junta (de então) e não ao Presidente do Tribunal recorrido, pois, quando o recurso chegou às mãos do Presidente do Tribunal, já se havia exaurido o octídio legal. Naqueles autos, o não conhecimento foi motivado por um simples equívoco do *office boy* do escritório de advocacia que, ao invés de protocolar o recurso de revista no protocolo do Tribunal Regional, o entregou na secretaria da antiga Junta de onde era oriundo o processo.

Também recentemente, a Egrégia Quinta Turma do Tribunal Superior do Trabalho, pelo Ac. n. 747/91 no RR 19.738/90, julgado no dia 5 de dezembro de 1991, acolheu preliminar de intempestividade argüída pelo Ministério Público, por ter sido o recurso protocolizado na MM. 'Junta' de origem e ter sido apresentado ao Presidente do TRT a destempo.

Nesta última decisão, a apresentação do recurso extremo na antiga Junta de Conciliação e Julgamento teve como suporte um provimento do Tribunal Regional do Trabalho de Origem, que consentia às partes a protocolização de Recursos para o TST nas 'Juntas'.

A ilegalidade do provimento também resultou reconhecida pela Egrégia Turma do Tribunal, pois a lei *expressis verbis* preceitua diversamente. O § 1º do art. 896 da CLT diz que

'O recurso de revista, dotado de efeito apenas devolutivo, será apresentado ao Presidente do Tribunal recorrido, que poderá recebê-lo, ou denegá-lo, fundamentando em qualquer caso o despacho'.[11]

5.6. Contra-razões

As contra-razões são as razões do recorrido. No processo do trabalho, há disposição expressa a respeito no art. 900 da CLT, que determina a notificação do recorrido, após a interposição do recurso, para oferecê-las em prazo igual ao concedido ao recorrente. É a garantia do contraditório, prevista na Constituição da República, com relação a todo o processo. Assim dispõe o inciso LV do art. 5º:

"Aos litigantes, em processo judicial ou administrativo, e aos acusados em geral, são assegurados o contraditório e ampla defesa, com os meios e recursos a ela inerentes".

A determinação constitucional do contraditório tem suporte no direito de pedir, de alegar e de provar. A prova não é só faculdade de quem pede. Aquele que se viu contrariado por uma determinada decisão pode e deve opor-se a ela por meio de recurso, tendo a parte contrária o mesmo direito. Como lembra *Cândido Rangel Dinamarco*:

"essa é a dinâmica do *pedir-alegar-provar,* em que se resolve o contraditório posto à disposição das partes. Essa participação torna-se criticamente necessária para a defesa dos direitos em juízo, quando surge algum contato contrário ao interesse do sujeito. Diz-se, então, que o contraditório se exerce mediante reação aos atos desfavoráveis, seja que eles venham da parte contrária ou do juiz".[12]

A parte, querendo, tem até o direito de fazer, ou não, uso dela, pois é mera faculdade que a lei lhe dá, mas o magistrado não se pode furtar à sua concessão. É obrigação do Juiz, ao admitir o recurso, determinar a observância do contraditório.

---

(11) MAIA, Jorge Eduardo de Sousa. "O Juízo de Admissibilidade no Processo do Trabalho". *Revista do Ministério Público do Trabalho*, ano II, n. 4 de setembro de 1992, p. 22 a 24.
(12) DINAMARCO, Cândido Rangel. *Fundamentos do Processo Civil Moderno.* São Paulo: Malheiros, 2000, p. 127.

Regra geral, o Juízo de Admissibilidade, ao proferir o despacho de admissão do recurso, já dá prazo ao recorrido para que, querendo, ofereça as razões de contrariedade. A simples publicação do despacho, admitindo o recurso, não faz presumir ao recorrido que lhe esteja sendo oferecido prazo para razões.

Quando o juiz não faz menção expressa às contra-razões, posteriormente deve despachar nesse sentido, e o despacho deve merecer publicidade. Propicia-se aí o prazo também para o recorrido aderir ao recurso, que, após ser submetido ao juízo de admissibilidade positivo, dá a oportunidade da repetição de todo o procedimento concedido ao recurso principal.

As partes, inúmeras vezes, deixam de valorizar estas questões processuais, que têm origem na lei e na própria Constituição da República, e que as protegem em seus direitos mais elementares.

Para reafirmar o que anteriormente se disse, e ilustrar a posição da jurisprudência do TST, é oportuno citar decisão da egrégia Quinta Turma do Tribunal Superior do Trabalho de 13.9.2000, pela qual se conheceu do recurso de revista por violação aos arts. 900 e 794 e seguintes da CLT, e 245 do CPC e, no mérito, deu-lhe provimento. Anulando todo o processado, determinou-se o retorno dos autos ao TRT de origem, para proceder à notificação da reclamada e apresentar contra-razões ao recurso ordinário, na forma da lei.

Este *decisum* foi proferido no processo RR 579.917/1999, oriundo da 15ª Região, que teve como partes a Rede Ferroviária Federal S/A e Osni Orlando Santana. A ementa do acórdão consigna o entendimento, assim sintetizado:

> "NULIDADE DO JULGADO — NOTIFICAÇÃO PARA CONTRA-RAZÕES. Considerando-se que, quando da interposição do Recurso Ordinário pelo reclamante, não houve abertura de prazo nem mesmo notificação para o oferecimento de contra-razões pela reclamada, restaram violados o direito de defesa e o princípio do contraditório, considerando a garantia legal contida nos arts. 900 e 794 e seguintes da CLT e 245 do CPC, cujos termos restaram literalmente malferidos pela decisão regional. Assim sendo, deixou o Regional de efetivar, adequadamente e de forma regular, a notificação, o que enseja a nulidade de todo o processado a partir de fls. 62, determinando-se o retorno dos autos à origem para que seja regularmente efetuada a notificação da reclamada para apresentação da contra-razões".

Ainda se torna oportuna a indicação de uma outra decisão, no mesmo sentido, da lavra sempre saudosa do *Ministro Orlando Teixeira da Costa*, mas com outra projeção em termos de celeridade, proferida no Recurso de Revista n. 175.520/1995. O processo teve como partes

Evandro Luís de Andrade Reis e *Marcelo Freitas Peças Ltda*. A ementa consigna o seguinte entendimento:

> "A TEOR DO ARTIGO NOVECENTOS DA CONSOLIDAÇÃO DAS LEIS DO TRABALHO, INTERPOSTO O RECURSO, SERÁ NOTIFICADO O RECORRIDO PARA OFERECER AS SUAS *RAZÕES* EM PRAZO IGUAL AO QUE TIVER TIDO O RECORRENTE. O DESCUMPRIMENTO DO DISPOSTO NESTA NORMA GERA A *NULIDADE* DO PROCESSO".[13]

Esta revista foi conhecida por violação aos artigos quinto, inciso cinqüenta e cinco, da Constituição da República e, no mérito, resultou provida para anular o processo, a partir da folha 268, com o retorno dos autos à MM Junta de Conciliação e Julgamento para a notificação do reclamante para contra-razões.

As duas decisões trazidas a cotejo revelam a importância destacada ao contraditório, pois, como já foi dito, é muito difícil o recurso alçar por violação. O juiz dificilmente diz o que a lei não diz, ele interpreta-a. Quando desdiz o que ela disse, ou não a observa, ou deturpa-lhe o sentido, viola-a.

Destaque-se ainda que, nos dois paradigmas, foi proferida a nulidade e os autos terminaram por baixar; o primeiro para o Tribunal Regional do Trabalho, e o segundo, com projeção maior em termos de atraso, para a Vara do Trabalho.

As contra-razões devem voltar-se exclusivamente para as razões do recurso. Esta afirmativa merece algum relevo, pois, às vezes, na sustentação oral, as partes não se atêm exclusivamente às razões e perdem uma parte do seu precioso tempo regimental.

A argüição de prejudiciais suscita o mesmo procedimento, a não ser que tenha a ver com alguma preliminar que deva ser suscitada na primeira vez que a parte fala nos autos. O Tribunal Superior tem manifestado esse entendimento. Veja-se, a propósito, o seguinte julgado, que teve como partes *Lac Participações S/A* e *Martúlia Onorato de Paula e Outro*. A ementa consigna, em parte, o seguinte entendimento:

> "*Nulidade Processual. Argüição. Contra-Razões. Impossibilidade.* Não é permitido ao vencedor da causa usar das contra-razões para argüir questão preliminar de nulidade da sentença por prestação jurisdicional incompleta, dando-lhes a aparência de autêntico recurso, como fez a Reclamada em segunda instância. Trata-se de meio processual inadequado a tanto, vez que sua finalidade é atacar as razões do recurso interposto pela parte vencida

---

(13) DJ, 13.10.2000, p. 565. DJ, 10.5.1996, p. 15.438.

e, ao mesmo tempo, preservar a decisão favorável ao recorrido, em seus aspectos formal e material...".[14]

As razões de contrariedade estão sujeitas ao mesmo prazo do recurso e devem ser subscritas por advogado habilitado para procurar em juízo pelo recorrido. Não estão sujeitas a preparo, a não ser no agravo de instrumento, em que o agravado está obrigado ao pagamento de emolumentos pelas peças trasladadas. O não-atendimento a essa exigência legal, evidentemente, compromete o conhecimento das mesmas e a conseqüência é o comprometimento de prejudiciais importantes argüidas e tudo mais que nelas for veiculado.

(14) DJU, 24.5.2001, p. 733.

6. *TIPOS DE RECURSOS NO PROCESSO DO TRABALHO*

No processo do trabalho são admitidos os seguintes recursos: embargos, recurso ordinário, recurso de revista e agravo. É o que nos revela o artigo 893 da Consolidação das Leis do Trabalho. Já o art. 897 do mesmo diploma legal, ao tratar do agravo, precisa a modalidade deste: o de petição e o de instrumento. E poder-se-ia acrescentar o agravo regimental, previsto pela Lei n. 7.701 de 21 de dezembro de 1988, o qual mereceu tratamento por todos os Regimentos Internos dos Tribunais do Trabalho, bem como os embargos infringentes — alínea "c" do inciso II do art. 2º, do mesmo Diploma Legal.

Os embargos declaratórios fizeram parte do elenco dos recursos na lei processual civil e, embora encontrem hoje tratamento no art. 897-A da CLT, que foi acrescentado pela Lei n. 9.957/00, não serão aqui tratados. Embora tenham natureza recursal, não constituem propriamente recursos.

Pode ser incluído, ainda, no rol dos recursos trabalhistas o recurso adesivo. A permissão foi negada durante bastante tempo pela jurisprudência, mas esse obstáculo de cabimento está hoje superado pela Súmula de Jurisprudência do TST n. 283.

Considera-se não ser recomendável a inclusão do recurso extraordinário na modalidade dos recursos trabalhistas. Embora cabível das decisões da Justiça do Trabalho, além de não ter qualquer disciplinamento ou sistematização na legislação trabalhista, é recurso próprio do direito processual constitucional, disciplinado pelos arts. 102, III, a, da Constituição da República, art. 541 da Lei Processual Civil e arts. 321 a 329 do Regimento Interno do Supremo Tribunal Federal.

6.1. Recurso ordinário

A simplicidade da exigência recursal legal, por si só, já mostra a razão por que um recurso tão comum acabou merecendo essa designação.

O art. 895 da Consolidação das Leis do Trabalho diz quando cabe o recurso ordinário: a) das decisões definitivas das Juntas e Juízos, no prazo de 8 (oito) dias; e b) das decisões definitivas dos Tribunais Regionais em processo de sua competência originária, no prazo de 8 (oito) dias, quer nos dissídios individuais, quer nos dissídios coletivos.

A redação dada pela CLT para o cabimento do primeiro recurso no processo do trabalho parece não ter sido muito feliz, pois a lei acabou por falar em decisões definitivas.

A doutrina e a jurisprudência não enfrentaram dificuldades para contornar a impropriedade dessa expressão, pois decisões definitivas são aquelas decisões que esgrimem o mérito e as decisões terminativas também provocam a extinção do processo e não poderiam deixar de submeter-se ao cabimento do recurso.

Pode o recurso ser interposto por simples petição e deve ser interposto no prazo de oito dias, devendo satisfazer os pressupostos da adequação, capacitação, prazo e preparo, se for o caso.

Nos processos de alçada não cabe qualquer recurso, salvo quando versarem sobre matéria constitucional, e os incidentes do processo serão resolvidos pelo próprio Juiz ou Tribunal.

As decisões interlocutórias são irrecorríveis de imediato, sendo passíveis de reexame somente em recurso de decisão definitiva, conforme dispõe a CLT em seu art. 893, §1º.

A lei consolidada previu a forma como o recurso deve ser interposto e disse que é por simples petição. Apesar das críticas existentes doutrinariamente contra a exigência de fundamentação, e não obstante anteriormente já haver feito referências à moderação da lei, deve ser dito que evidencia maior consistência o entendimento que considera necessária a apresentação de razões com fundamentação, pois permite inclusive à parte contrária oferecer razões de contrariedade.

Esse entendimento subsiste naturalmente com muito mais evidência, mormente quando o recurso é subscrito por advogado que foi contratado para estar em juízo e que tem conhecimento técnico suficiente para fazê-lo em nome do cliente.

A tolerância permissiva, com a devida *venia* das opiniões em contrário, é aquela inerente ao aspecto da técnica, pois a parte que lança mão do *jus postulandi*, para interpor um recurso, deve dizer o que pretende ver modificado na decisão vestibular, permitindo, assim, ao recorrido a possibilidade do contraditório.

Não é demasiado o registro da opinião de *Ada Pellegrini Grinover* de que

> "O Princípio da Dialeticidade, que impregna todo o *iter* procedimental, tem aspectos próprios no que diz com recursos; o recor-

rente deverá declinar os motivos pelos quais pede o reexame da decisão, porque somente a parte contrária poderá apresentar suas contra-razões, formando-se o imprescindível contraditório em matéria recursal."[1]

A Lei n. 9.957, publicada no Diário Oficial da União do dia 13 de janeiro de 2000, e que entrou em vigor sessenta dias após essa data, também previu o cabimento do recurso ordinário para as reclamações sujeitas ao procedimento sumaríssimo.

Em verdade, havia uma expectativa de que essa lei fosse o grande passo para a contenção desenfreada de recursos na Justiça do Trabalho, a exemplo do que se preconizou com a previsão legal sobre os processos de alçada; entretanto, isso não ocorreu e a lei acabou dando um tratamento diversificado ao processamento desses recursos nos Tribunais, determinando a sua imediata distribuição com liberação em dez dias pelo relator e a sua inclusão em pauta sem revisor.

Nesses processos, a manifestação do Ministério Público do Trabalho é procedida oralmente e o acórdão consistirá unicamente na certidão de julgamento, com a indicação suficiente do processo e parte dispositiva e razões de decidir do voto prevalente. No caso de a sentença ser mantida por seus próprios fundamentos, essa circunstância será registrada na certidão.

A simplificação da redação dos acórdãos a serem proferidos nos processos de rito sumaríssimo encontra esteio no inciso IV do § 1º do art. 895 da Consolidação das Leis do Trabalho e tem por finalidade tornar o processamento desses feitos mais céleres.

O recurso ordinário, como lembra *Manoel Antonio Teixeira Filho*,

> "dentre todos os meios de impugnação aos provimentos jurisdicionais trabalhistas, é o que apresenta, essencialmente, efeito devolutivo, embora este seja ínsito a todos os recursos".[2]

6.2. Recurso de revista

O recurso de revista, em princípio, é o recurso cabível das decisões proferidas em recurso ordinário, com destino ao Tribunal Superior do Trabalho, que é o órgão de cúpula da Justiça especializada, e que tem por missão constitucional interpretar, em última instância, a lei federal trabalhista.

---

(1) GRINOVER, Ada Pellegrini, *in* TABENCHLAK, James; BUSTAMANTE, Ricardo Silva de (Org.). *Livro de Estudos Jurídicos*. Rio de Janeiro: IEJ, 1994, p. 81.
(2) TEIXEIRA FILHO, Manoel Antonio. *Op. cit.*, p. 248.

Por ser o TST uma instância extraordinária, o legislador pátrio reservou ao recurso de revista pressupostos intrínsecos difíceis de serem atendidos, mas que são perfeitamente compatíveis com o recurso de natureza extraordinária.

Já foi referido anteriormente que os pressupostos objetivos do recurso ordinário são exigíveis também para a interposição do recurso de revista. A falta de atendimento dos mesmos compromete o conhecimento e até o processamento do recurso extremo trabalhista.

É oportuno recordar a importância da parte final do § 5º do art. 896, que determina o trancamento de recursos por falta de satisfação desses requisitos:

> "Será denegado seguimento ao recurso nas hipóteses de intempestividade, deserção, falta de alçada e ilegitimidade de representação, cabendo a interposição de agravo".

Não é no atendimento desses requisitos que, em verdade, reside a maior dificuldade do processamento do recurso de natureza extraordinária trabalhista, que tem por finalidade precípua o alcance da uniformização de jurisprudência e o próprio restabelecimento da lei infringida.

O seu cabimento continua restrito à divergência em torno da interpretação da lei, de regulamento de empresa, de dispositivo de lei estadual e de convenção coletiva, bem como à demonstração de violação à literalidade de dispositivo da lei federal ou da Constituição da República.

Em razão da edição da Medida Provisória n. 2.226/01, pela qual durante o Governo *Fernando Henrique Cardoso*, pretendeu-se instituir no sistema processual brasileiro o Princípio da Transcedência, ter sido alvo de uma Ação Direta de Inconstitucionalidade, ajuizada pela Ordem dos Advogados do Brasil, perante o Supremo Tribunal Federal, e não ter merecido ainda decisão.

O julgamento dessa ação, conforme dá notícia o andamento processual da Ação Direta de Inconstitucionalidade n. 2.527-9, encontra-se com o seguinte andamento:

> "Após o voto da Senhora Ministra Ellen Gracie, Relatora, deferindo, em parte, a liminar para suspender a eficácia do art. 3º da Medida Provisória n. 2.226, de 4 de setembro de 2001, e do voto do Senhor Ministro Nelson Jobim, suspendendo o disposto nos arts. 1º e 2º, reservando-se para analisar, posteriormente, a matéria relativa ao art. 3º. Em face da divisão ocorrida, pediu vista o Senhor Ministro Maurício Corrêa. Impedido o Senhor Ministro Gilmar Mendes. Falaram, pelo requerente, o Dr. José Francisco Siqueira Neto, e, pela Advocacia-Geral da União, o Dr. José Boni-

fácio Borges de Andrada. Presidência do Senhor Ministro Marco Aurélio. — Plenário, 18.9.2002. Após o voto do Senhor Ministro Maurício Corrêa, suspendendo a eficácia dos arts. 1º e 2º, e, em parte, relativamente ao art. 3º, todos da Medida Provisória n. 2.226, de 4 de setembro de 2001, o julgamento foi adiado em virtude do pedido de vista do Senhor Ministro Sepúlveda Pertence.

Impedido o Senhor Ministro Gilmar Mendes. Presidência do Senhor Ministro Marco Aurélio. — Plenário, 30.10.2002".(3)

O Tribunal Superior do Trabalho também, possivelmente, em razão da falta de proclamação do resultado da mesma, deixou de proceder à regulamentação nela estabelecida, deixando de aplicar a proposta legislativa do Executivo.

Por oportuno, se fazem necessárias as considerações ao Princípio da Transcendência, criado de forma inusitada pela Medida Provisória n. 2.226 de 4.9.01:

"A preocupação que tem levado o País a pensar em alternativas para uma Justiça do Trabalho mais rápida e eficiente continua, com a devida vênia, a dispersar-se na visão um pouco mais superficial dos problemas do Judiciário Trabalhista. A edição de diplomas legais demasiadamente simplistas, abordando questões de profunda complexidade e extensão, como a Medida Provisória n. 2.226, continua ignorando o percurso democrático que deveria nortear todo o processo de reforma estrutural do Poder Judiciário, permanecendo distante da ampla discussão ou opinião dos operadores do direito especializado, que, pelo seu interesse e experiência, podem emprestar às transformações tão necessárias e desejadas".

Os problemas enfrentados pelo Poder Judiciário, dependendo da sua magnitude, necessitam de uma avaliação dentro do Sistema como um todo e não como o que, até o momento, foi eleito.

Não obstante os fundamentos justificadores das soluções encontradas não alcançar o eco desejado, é bom lembrar que ninguém ignora o fato de que o Poder Judiciário Trabalhista passa pela necessidade de uma reforma profunda, e que esta, necessariamente, deverá levar em consideração no ordenamento jurídico vigente, o sistema recursal trabalhista, pois é exatamente ele que vem comprometendo e maculando todo o sistema.

Os remendos esparsos constantes, lançados à legislação processual do trabalho e até à Constituição da República não foram eficientes o bastante para confirmar as esperanças dos que acenavam com o antídoto supremo para a solução do elevado número de processos, aguardando solução nos Tribunais do Trabalho. A prova disso é a lei do rito sumaríssimo, que não promoveu a propalada celeridade mas, ao contrário, trouxe inúmeras questões, ainda por apreciar pelo Tribunal Superior do Trabalho.

---

(3) <http://www.stf.gov.br>. Acesso em 20 de janeiro de 2003.

Uma expressão considerável dos operadores de direito da Justiça Especializada não terá receio de afirmar que a simples mudança no valor da alçada já teria sido suficiente para conseguir o desafogamento desejado da Primeira Instância, em todo o País. A opção do operário em buscar na Justiça do Trabalho os seus direitos, sem a presença de advogado, encontra agora um caminho profundamente mais sinuoso. Com a devida vênia, o procedimento para se apurar a reparação de parcelas relativas ao contrato de trabalho haverá de ser único e tão célere quanto as razões que o fizeram distinto dos demais ramos do direito processual. Em verdade, o que se busca, em qualquer hipótese em que se procura o Judiciário Trabalhista, é sempre parcela de natureza alimentar.

O término da representação classista, embora necessário e promovido adequadamente nos Tribunais do Trabalho, *data maxima venia* também resultou realizado pelo meio, deixando incólume o princípio da representação nos Tribunais pelo Ministério Público e Ordem dos Advogados do Brasil, pois o princípio da representação na legitimidade democrática não pode nem deve ser aquele jungido ao corporativismo. As "reformas" até agora realizadas, inclusive a constitucional, promovidas com o fim de atender aos grandes clamores sociais, em nada contribuíram para o aperfeiçoamento do nosso sistema.

Em verdade, o País experimenta pacientemente os resultados do projeto do Governo Federal, denominado com muita propriedade por *Andrei Koerner* como um projeto de um "Judiciário Mínimo".

A pseudo-reforma neoliberal, com a qual o Governo acena ao Poder Judiciário, tem como principal objetivo adaptá-lo às condições da globalização, com a conseqüente redução de custos, a pretexto de uma diminuição do tempo dos litígios, proporcionando um único resultado: o crescimento da economia. Para corroborar a assertiva é suficiente lembrar o projeto de lei, em trânsito no Congresso Nacional, e que busca a denominada "flexibilização das Leis do Trabalho".

É bom, no entanto, lembrar a advertência feita, no mesmo estudo, pelo renomado cientista político e professor da Escola de Sociologia e Política de São Paulo e da Faculdade de Direito da UNIFEO, que, se adotadas, as propostas governamentais 'afetarão a independência e a imparcialidade dos juízes, além de transformar profundamente o sistema das garantias constitucionais e de organização judiciária, por deixarem de contemplar algumas questões essenciais para que tenhamos um Judiciário capaz de aprofundar os valores e as práticas democráticas na sociedade brasileira, como a independência interna dos juízes, o seu perfil e a sua forma de atuação na mediação dos conflitos individuais e coletivos'.

Há uma justificativa para dar as boas-vindas à novidade legislativa, que deu nova redação ao art. 896 da Consolidação das Leis do Trabalho, a qual tem sido referenciada por juristas de escol, como os Ministros do Colendo Tribunal Superior do Trabalho, *João Oreste Dalazem* e *Ives Gandra da Silva Martins Filho*, em artigo publicado no "Correio Braziliense:

'A medida provisória ressente-se da relevância e urgência, em face da situação dramática, de verdadeiro colapso, em que se encontra o Tribunal Superior do Trabalho pela total incapacidade de fazer frente ao volume descomunal de processos que lhe chegam diariamente'.

Sem dúvida alguma, a situação trágica vivenciada pelo TST é bastante preocupante e alcançou publicidade, talvez inesperada, pela própria divulgação das estatísticas. Lamentavelmente, nos últimos anos, não se tornou público, nem se divulgou à sociedade, que o elevado número de processos em curso, na mais Alta Corte Trabalhista, submete servidores e magistrados a trabalhar por muitos anos, como tem acontecido mais recentemente, em condições pouco conhecidas no gênero humano, para não compará-las a um outro tipo de escravatura, que é a escravatura intelectual, já bastante conhecida em nossos dias. Os escravos da cor tiveram oportunidades maiores de descanso físico que os atuais escravos do intelecto do mundo moderno.

No rol das acusações, lançadas ao Poder Judiciário, não se tem levado em consideração o esforço empreendido por alguns magistrados, para tornar o Poder Judiciário Trabalhista mais dinâmico e eficiente.

As pautas dirigidas por matérias, como aquelas relativas aos planos econômicos e algumas outras, com o objetivo de racionalizar o tempo despendido em sessões e a convocação de juízes de segundo grau, para ajudar a minimizar o gigantesco volume de recursos, dão prova disso. A convocação dos senhores juízes dos Tribunais Regionais para o Tribunal Superior do Trabalho, por exemplo, revela que a crise clama por soluções muito mais profundas e urgentes para o elevado número de processos. A crise já não é tão atual ou superficial, e deve levar-se em consideração que a convocação por períodos tão expressivos, em termos temporais, se reveste da excepcionalidade justificadora de Medida Provisória. Por outro lado, o problema a ser enfrentado não exige medidas tão superficiais como a convocação de juízes dos Tribunais Regionais. Esta já descaracterizou a eventualidade que a procurou justificar, pois passou praticamente a uma convocação constante e permanente, comprometendo mesmo o *quorum* constitucional que foi legado ao TST.

É conhecida dos operadores de direito a vontade empreendida pelos Tribunais do Trabalho do País, para responder aos jurisdicionados. A Justiça Social tem sido submetida a constrangedoras críticas, na maioria das vezes infundadas, pois quase sempre não é o Poder Judiciário que deve ser responsabilizado pela morosidade da prestação jurisdicional.

O número avassalador de reclamações, expresso na quantidade impressionante de recursos, em todos os níveis de jurisdição, acabou precipitando um processo de repercussões extraordinariamente gigantescas que se projeta em vários sentidos, parecendo absolutamente fora de controle.

Quanto isso representa economicamente para os cofres públicos talvez possa ser avaliado pelos dados apresentados para a reforma do Poder

Judiciário, mas o custo social está absolutamente fora das estatísticas e poderá ser muito mais oneroso se nada de concreto for empreendido, no sentido de se buscar alternativas mais saudáveis para o sistema recursal trabalhista.

Os operadores do direito não desconhecem as dificuldades enfrentadas pelos magistrados e nem o ser mais alheio aos problemas do Judiciário poderá compreender como é que um magistrado tem condições físicas mínimas de receber e estudar dez mil processos num ano, depois de passar inúmeros dias da semana, em sala de sessão, julgando processos.

Um processo judicial requer, muitas vezes, longas horas de estudo e isso traduz gasto de tempo no dia-a-dia, com um intervalo mínimo para alimentação e descanso. E não se evoque o apoio técnico de que cada gabinete dispõe, pois quem conduz o processo e o julga é sempre o magistrado. Registre-se, novamente, que foram distribuídos aos ministros mais de cem mil processos e, posteriormente a essa distribuição, continuam sendo remetidos diariamente processos dos Tribunais Regionais de todos os Estados da Federação.

A "situação é kafkiana", como lembram os juristas anteriormente citados, e como o é uma grande parte da vida atual, mas a hipocrisia merece ser desmascarada com a verdade.

O volume não é de hoje e, como anteriormente afirmei, a medida legislativa encerra mudança profundamente complexa que alcança milhares de jurisdicionados.

O alcance processual da matéria, evidentemente, é inevitável e atingirá todos os processos em grau de recurso no TST, pois é pacífico o entendimento de que as normas de direito processual têm aplicação imediata aos processos em curso. Não seria o óbice da transcendência ao recurso de revista que iria excepcionar o princípio consagrado pela doutrina e Jurisprudência, para surpreender a comunidade de jurisdicionados com intranqüilidade e insegurança.

Por outro lado, pela análise do referido diploma excepcional, não será difícil concluir que a justificação de "boas-vindas", expressas por determinada corrente doutrinária, não transforma o sistema recursal trabalhista no modelo de eficiência desejado. A própria Ordem dos Advogados do Brasil provocou o Excelso Pretório, através de Ação Direta de Inconstitucionalidade, a declarar a inconstitucionalidade do referido diploma legal, não tendo havido ainda um pronunciamento sobre a matéria.

A Medida Provisória n. 2.226/01 — que exigiu do Tribunal Superior do Trabalho, na avaliação dos pressupostos recursais do recurso de revista, o exame prévio para avaliar se a discussão nele desenvolvida — transcende os reflexos gerais de natureza jurídica, política, social e econômica, ao dar ao art. 896 da Consolidação das Leis do Trabalho a seguinte redação:

'Art. 1º A Consolidação das Leis do Trabalho, aprovada pelo Decreto-lei n. 5.452, de 1º de maio de 1943, passa a vigorar acrescida do seguinte dispositivo:"Art. 896-A. O Tribunal Superior do Trabalho, no recurso de revista, examinará previamente se a causa oferece transcendência com relação aos reflexos gerais de natureza econômica, política, social ou jurídica.

Art. 2º O Tribunal Superior do Trabalho regulamentará, em seu regimento interno, o processamento da transcendência do recurso de revista, assegurada a apreciação da transcendência em sessão pública, com direito a sustentação oral e fundamentação da decisão.

Art. 3º O art. 6º da Lei n. 9.469, de 10 de julho de 1997, passa a vigorar acrescido do seguinte parágrafo, remunerando-se o atual parágrafo único para § 1º:

'§ 2º O acordo ou a transação celebrada diretamente pela parte ou por intermédio de procurador para extinguir ou encerrar processo judicial, inclusive nos casos de extensão administrativa de pagamentos postulados em juízo, implicará sempre a responsabilidade de cada uma das partes pelo pagamento dos honorários de seus respectivos advogados, mesmo que tenham sido objeto de condenação transitada em julgado.

Art. 4º Esta Medida Provisória entra em vigor na data de sua publicação.'

O que se extrai, inicialmente, da medida é a transformação inicial do TST numa terceira instância de prova. É bom lembrar que a Corte Suprema Trabalhista por se constituir em instância extraordinária, não deve estar envolvida com o revolvimento de matéria de fato e de prova.

A sua competência de Tribunal Extraordinário se restringe, exclusivamente, à apreciação de matéria de direito e é inegável que, para avaliar os pressupostos da relevância de cada recurso de revista, necessário se torna o revolvimento de todo o contexto factual que permite deduzir os critérios lá estabelecidos.

Ainda que se pudesse admitir que o modelo excepcional, importado do direito americano, traria alguma agilidade para o funcionamento do próprio Tribunal Superior do Trabalho, não há como deixar de reconhecer que o "princípio da certeza jurídica", que impõe que a decisão não sofra procrastinação, no menor espaço de tempo possível, não será aperfeiçoado pelo caminho escolhido. Lamentavelmente, nos deparamos mais uma vez, e com reservas, à importação de modelos que não têm nada a ver com o nosso processo.

A nossa tradição romanística do Direito, com a devida vênia, não comporta a visão americana que envereda pela concepção da atividade judicial como um processo psicológico e não lógico. O nosso modelo de Judiciário nada tem da tradição dos países da *commom law*.

A escolha do paradigma não nos entusiasma pois o modelo importado passou por um outro processo absolutamente diverso do nosso.

Nos Estados Unidos, pela década de 70, e após a Suprema Corte ter sofrido um processo de estrangulamento, pelo elevado número de processos, foi conduzido um estudo, por audiências públicas, prática ainda pouco conhecida entre nós, que culminou com a proposta de criação de um Tribunal posicionado entre a Corte Extraordinária e os Tribunais de Apelação. Seria um modelo muito semelhante aos nossos Tribunais Superiores e teria prazo para a sua manutenção ou fim, mas a proposta não alcançou êxito.

Lá, a proposta almejou criar um Tribunal pelo elevado número de processos que ameaçava a Corte Suprema e acabou não tendo êxito.

Aqui, para não pôr fim ao Tribunal Superior do Trabalho, proposta ainda e às vezes absurdamente sugerida para a futura reforma do Judiciário, absolutamente inaceitável e injustificável, diga-se sem receio, procura-se trazer um instrumento que só é utilizado na Corte Suprema Americana.

Por outro lado, a medida provisória, ao importar o modelo da transcendência, sequer se inquietou, por exemplo, com o modelo romano-germânico, de evidências seguras de eficiência e tão bem lembrado por *Eduardo Henrique Raymundo Von Adamovich*. Parece bastante oportuna a citação para avaliar o teor restritivo da Medida Provisória.

'Exemplo também instigante de aplicação do princípio da transcendência aos recursos trabalhistas, no sistema romano-germânico, é o dos §§ 64 e 72 do *Arbeitsgerichtsgesetz*, a lei processual trabalhista alemã. Funcionando em caráter alternativo com hipóteses de uniformização da jurisprudência e da aplicação da lei, além de outras, a transcendência *(Bedeutung)* é, no sistema alemão, mais uma possibilidade de abertura das vias dos recursos que lá se chamam de *Berufung*, que seria comparável ao nosso recurso ordinário, e *Revision*, que se assemelharia à nossa revista. Exige-se lá, para fundamentar a transcendência — num grau mais profundo no último caso *(Revision)* — não apenas o interesse das partes, mas um questionamento fundamental de natureza jurídica, econômica ou ainda que, efetivamente, afete os interesses da coletividade. Trata-se, pois, não de um caso de superposição de um princípio ao sistema em caráter deflator, mas de seu alinhamento em sentido ampliativo das possibilidades de cognição do *Landesarbeitsgericht* que, entre nós, seria equiparável a um Tribunal Regional.

A qualidade dos julgamentos está gravemente comprometida, pois os mesmos são realizados com base em planilhas que revelam um resumo de questões, preparadas pelas assessorias. As decisões em sessão, na sua maioria, são tomadas em bloco, com exceção dos processos com matérias novas ou que têm advogado para sustentá-las. Não vai aqui nenhuma crítica à fórmula encontrada, pois as evidências são concretas e absolutas. A única resposta possível é a do Tribunal Superior do Trabalho poder atender mais celeremente aos jurisdicionados, mas deve levar-se em consideração que o conhecimento do recurso de natureza extraordinária, pela sua tecnicidade, é de avaliação extremamente morosa e complexa, não podendo evidentemente submeter-se à maior inimiga da perfeição — a pressa. Não faz tanto tempo assim que o Tribunal

Superior do Trabalho, em sua Composição Plena, perdia, vez por outra, em debates fervorosos, uma grande parte da sessão no julgamento de embargos, avaliando se determinado recurso de revista tinha sido devidamente ou incorretamente conhecido.

Há, ainda, razões de ordem técnica que devem ser apontadas para demonstrar que a criação da Relevância para o Recurso de Revista não merece sobrevida, para não acontecer exatamente aquilo que ocorreu com o agravo de instrumento num passado muito recente. O diploma legal aprovado pelo Poder Legislativo, que introduziu mudanças na lei processual civil, no particular, motivou a Edição de Resoluções pelos Tribunais Superiores e pelo próprio Supremo Tribunal Federal, porque atentava contra a economia processual. Essa mudança na lei processual civil só provocou aflição e tumulto em todo o País. Com a devida vênia, cabia até ao Poder Judiciário reparar os efeitos nefastos da péssima legislação, mas por via própria e não legislando como o fez, pois a competência, para tanto, é exclusiva do Poder Legislativo.

A lei que provocou mudanças no depósito *ad recursum* no processo do trabalho, pelas exigências absurdas, também acabou provocando uma Resolução disciplinadora da matéria pelo TST. Entre as exigências mais censuradas estava aquela que previa um novo depósito a cada recurso.

A aferição da transcendência foi conferida apenas aos Ministros do Tribunal Superior do Trabalho. O nosso sistema recursal adotou dois juízos de admissibilidade para o recurso de revista: o *a quo* e o *ad quem*. Até agora, todas as revistas têm os pressupostos de admissibilidade submetidos ao crivo inicial do Presidente do Tribunal Regional do Trabalho, que funciona como Juízo de admissibilidade *a quo* e, posteriormente, aos Senhores Ministros que exercem o juízo de admissibilidade *ad quem*. Nesta última hipótese, é mais amplo e de efeitos bastante benéficos, pois se a matéria decidida conflitar, negativa ou positivamente, com a jurisprudência da casa, motiva o trancamento ou o provimento.

Na hipótese da transcendência, a ampliação do juízo de admissibilidade *ad quem* acaba trazendo um grande prejuízo ao Tribunal Superior do Trabalho, ao contrário do que se pode imaginar, pois os Presidentes dos Tribunais Regionais do Trabalho, que funcionam como juízo de admissibilidade *a quo*, não têm competência para avaliar esse critério, não podendo impedir, portanto, que o elevado volume de processos continue alçando ao TST.

Sem entrar no mérito do fracionamento do Juízo de Admissibilidade, é fácil concluir, ao contrário do que se afirma, que a simples existência do fracionamento não veda o acesso de processos ao Colendo TST, como propala a corrente defensora do remédio jurídico mas, ao contrário, impõe a remessa de todos os recursos.

A medida que estabelece a transcendência para o Recurso de Revista, deve-se imaginar, não estaria restrita aos processos em curso no TST. Valeria, no entanto, fazer outra indagação: o que aconteceria com os recursos dos Entes Públicos? Será que, pela sua condição, estariam livres do estigma da transcendência?

O que se deve desejar para o sistema recursal trabalhista é uma lei que sirva verdadeiramente aos interesses da Justiça e jurisdicionados e não seja resultado do casuísmo, para livrar o TST de mais de cem mil processos. A insegurança jurídica não pode conviver com o Estado de Direito e o que é necessário proporcionar aos jurisdicionados, ainda que, em medidas excepcionais, deva conter o aval da negociação ampla e transparente.

O processo de avaliação de transcendência, ainda dependente de regulamentação pelo TST, após implementado, evidentemente trará desdobramentos ainda pouco avaliados, pois haverá de conceder às partes prazos e o direito de recorrer. Não acontecerá, por certo, a tão esperada homenagem à economia processual com a medida excepcional. E o malsinado anúncio, com ela veiculado, de dar suporte à missão constitucional da Corte Trabalhista poderá conter, mais fortalecida, a proposta do fim do Tribunal Superior do Trabalho, por motivos óbvios.

É oportuno salientar que, no direito americano, esse processo, considerado com caráter político, exige um procedimento típico da oralidade que norteia o sistema americano e é absolutamente inexistente no nosso processo. Por outro lado, lá vigora a exigência de que determinado número de juízes reconheça o *Writ of Certiorari*.

Os embargos declaratórios, embora sujeitos à discussão doutrinária — se devem ou não ser considerados recursos — quando acolhidos no efeito modificativo dão oportunidade à parte contrária ao direito de oposição. Reflita-se sobre a sua utilização num processo muito mais complexo, em que o critério da discricionariedade será o senhor de todos os senhores. Não é aceitável admitir que a adoção da medida excepcional venha impedir que a parte exercite o livre exercício do direito de defesa. É fora de dúvida que o Tribunal, ao ter de pronunciar a transcendência, deve deixar expressos os fundamentos da discricionariedade, que não estarão fora de controle, pois, como lembra *Tércio Sampaio Ferraz Jr.*:

> o controle está presente quando o legislador estabeleceu alguns critérios para o reconhecimento da transcendência (a necessidade de fundamentação, por exemplo).

O recurso de revista destinado ao Órgão de Cúpula da Justiça do Trabalho, que exerce o controle da legalidade e da uniformização da jurisprudência sobre o direito federal, não precisa, com a devida vênia, conter mais exigências do que aquelas que, até agora, lhe foram atribuídas. O que está a merecer análise é a modalidade pela qual se processa o recurso dentro do sistema para ultimar a uniformização.

O grande pilar constitucional da existência do Tribunal Superior do Trabalho repousa no fato de poder ser o Órgão de uniformização da jurisprudência trabalhista e, como conseqüência, também o guardião da Lei Federal.

> No processo de uniformização da Jurisprudência é que deve ser avaliada a visão macro do sistema, pois é através desse processo que se projeta toda a dificuldade do funcionamento do Tribunal Superior do Trabalho e da própria Justiça Trabalhista.
>
> A lei exigiu dos Tribunais Regionais do Trabalho a uniformização da jurisprudência em cada Tribunal e essa exigência legal só terá sentido se for aprimorado o restante do processo, pois a uniformização da jurisprudência nos Tribunais Regionais não tem a força obstativa que tem a jurisprudência consagrada pelos verbetes da Súmula do TST.
>
> Ao Egrégio Tribunal Superior do Trabalho, na análise do recurso de revista, cabe a verificação de possível violação à lei federal ou à Constituição da República e, como Órgão Máximo uniformizador da interpretação da lei, deveria limitar a apreciação do dissenso jurisprudencial apenas quando o mesmo se louvar em divergência na uniformização da jurisprudência firmada entre os Tribunais Regionais do Trabalho. É o entendimento defendido em monografia apresentada no segundo semestre de 2000 no Curso de Mestrado à disciplina de Direito Processual do Trabalho, que tem como professor o Doutor *Pedro Paulo Teixeira Manus.*
>
> O processo de discussão das relações laborais precisa ficar restrito às instâncias de prova, para resguardar integralmente o princípio da imediação do Juiz, deixando-se ao Tribunal Superior do Trabalho a magnitude da estrita avaliação da matéria verdadeiramente de direito, pois não será a repulsa, agora apontada à relevância da medida provisória, que fará com que o Egrégio Tribunal Superior do Trabalho deixe de ter a relevância que tem para a Justiça do Trabalho e para o País.
>
> "Se Deus tivesse querido fazer da Terra algo absolutamente perfeito não nos teria dado a chance de procurar fazer dela um santuário, onde, no mundo das dificuldades, nos propomos ser melhores'."[4]

Por tudo o que foi dito, é fácil concluir que a inovação legislativa haverá de encontrar barreiras intransponíveis na própria constitucionalidade que a compromete. Não é a fragmentação inútil e vazia do juízo de admissibilidade que, por certo, trará a solução para a prestação jurisdicional razoável que deve ser exigida a qualquer Tribunal.

Antes de tudo, deve-se avaliar a constitucionalidade da legislação, que assim fará proceder o Poder Judiciário por meio de seus Tribunais. Há argumentos novos que não foram lançados, anteriormente, e que merecem ser acrescidos àqueles relacionados no artigo anteriormente mencionado, para concluir pela procedência da declaração de inconstitucionalidade.

---

(4) MAIA, Jorge Eduardo de Sousa. *Considerações sobre o Principio da Transcendência no Sistema Recursal Trabalhista.* <http://www.anpt.org.br/biblioteca/ARTIGOS/Artigos.cfm>. Acesso em 7.1.2003.

O conteúdo da legislação sob comento é, evidentemente, processual e a Constituição da República, pelo art. 5º, LIV e LV, veda a subversão das expectativas do processo. O impedimento constitucional almeja, fundamentalmente, impedir a criação de procedimentos de exceção, já conhecidos em épocas não muito remotas.

A urgência justificadora da medida é aquela que objetiva a grave comoção. A alteração pretendida tem a ver com a criação de um "pressuposto" para o recurso extraordinário trabalhista, sendo simples concluir sobre o porquê da sua ausência entre os procedimentos que exigem natureza emergencial.

A colenda Corte extraordinária, em outras oportunidades, já se pronunciou sobre a "relevância e a urgência", exigidas pela Carta Magna para a edição de medidas provisórias. O entendimento esposado pelo colendo Supremo Tribunal Federal, em inúmeras ações diretas de inconstitucionalidade, é de que "os requisitos de relevância e urgência, para a edição de medida provisória, são de apreciação discricionária do Chefe do Poder Executivo, não cabendo, salvo os casos de excesso de poder, seu exame pelo Poder Judiciário".

É a hipótese a ser proclamada pela excelsa Corte, pois, em verdade, a avaliação de urgência elaborada pelo Chefe do Poder Executivo não se amolda ao parâmetro que tem norteado a Corte suprema.

Não é demasiado reiterar a falta de urgência detectada anteriormente pelos motivos ali alinhavados, sendo adequado lembrar que Sua Excelência, o Ministro *Nelson Jobim*, no voto que proferiu antes do pedido de vista regimental, deixou isso bem evidente, fazendo inclusive um retrospecto histórico da Justiça do Trabalho, desde *Valdemar Ferreira* até nossos dias, no sentido de que o procedimento retardatário da Justiça especializada não encontrou projeção até o momento.

Na ADIn n. 2.473-6, que objetivou suspender a eficácia de artigo da Medida Provisória n. 2.152-2, e na liminar concedida pelo Excelentíssimo Senhor *Ministro,* então Presidente daquela Corte, *Marco Aurélio Mendes de Faria Mello*, Sua Excelência assevera:

> "...a alteração de normas instrumentais não se faz em regime de urgência, principalmente sabendo que são normas que vigoram desde 1973".

Está previsto para o Processo laboral dois graus como meio de obter-se, num primeiro plano, a uniformização do decidido pelos Tribunais Regionais do Trabalho e, num outro plano, a obtenção desse mesmo desiderato com relação às Turmas em que se divide o Tribunal Superior do Trabalho. Por isso, a Consolidação das Leis do Trabalho acabou por elencar dois recursos com natureza extraordinária para alcançar a segunda hipótese.

Embora não representem um benefício para as partes, os requisitos da excepcionalidade almejam, fundamentalmente, a uniformização da jurisprudência, que é, como já dito e reiterado por alguns, a única missão — constitucional — do egrégio TST, entendimento suscetível de sofrer contradição pois, por princípio constitucional, nenhum Tribunal do País poderá deixar de apreciar questão que lhe for submetida.

A Justiça especializada, pela sua índole e, principalmente, pela sua finalidade, como assevera *Alcides Mendonça Lima*,

> "deve orientar-se por normas que assegurem simplicidade, brevidade e gratuidade. Competindo-lhe a solução de controvérsias em que as partes, via de regra, não possuem igualdade social, sobretudo no plano econômico, a complexidade, a lentidão e o encarecimento das formas processuais tornariam este organismo especial do Poder Judiciário uma inutilidade, com efeitos contraproducentes, acirrando a luta violenta das classes, antes de servir como ambiente de concórdia e de equilíbrio. Como a maioria dos dissídios laborais é intentada diretamente pelos trabalhadores — pelo menos no Brasil, onde os sindicatos não puderam conquistar a sua verdadeira posição protetora dos associados — e como, em geral, os operários se ressentem de ilustração, a Justiça do trabalho se tem de evidenciar pelo fácil acesso a seus órgãos, sem embaraços, sem protelações, sem ônus que a desvirtuariam. Os empregados, nas suas variadas categorias, quer como reclamantes, quer como reclamados (situação mais rara), precisam contar com meios singelos para pleitearem suas reivindicações ou prevenirem a violação de seus direitos".(5)

Ora, com a criação legislativa pretende-se verdadeiramente criar "pressuposto" que obstaculiza a própria finalidade do recurso pois, dado o subjetivismo que a caracteriza, estar-se-ia abandonando os pressupostos intrínsecos, que são ônus da parte, para, numa verdadeira subversão jurídica, além dos pressupostos recursais, a parte estar impossibilitada de poder, ao menos, imaginar que o seu recurso terá de superar o desconhecido e ser o juiz a criar essa condição.

Não é demasiado o registro de que o magistrado tem ao seu alcance todo o apoio técnico que se faz necessário, para a instrução de qualquer processo, de molde a chegar à verdade. Na avaliação desse novo pressuposto, talvez os magistrados tivessem de se socorrer de técnicos

---

(5) LIMA, Alcides de Mendonça. Ob. cit., p. 143.

para dizer se o recurso superava ou não essa barreira e se os pressupostos que dão suporte à transcendência foram ou não atendidos.

É de se esperar uma decisão da Corte suprema, alicerçada na costumeira Justiça, que venha a proteger, de algum modo, todos os jurisdicionados como forma de repelir soluções legais simplistas e atípicas de esvaziamento dos Tribunais. Como, até a presente data, não foi proferida a decisão na ADIn, e também não houve qualquer iniciativa para regulamentar a medida provisória, torna-se necessária, em seguida, a análise do recurso extremo trabalhista pela permissão consolidada.

O art. 896 da CLT enuncia as hipóteses em que o mesmo é cabível:

> "Cabe recurso de revista para Turma do Tribunal Superior do Trabalho das decisões proferidas em grau de recurso ordinário, em dissídio individual, pelos Tribunais Regionais do Trabalho, quando:
>
> a) derem ao mesmo dispositivo de lei federal interpretação diversa da que lhe houver dado outro Tribunal Regional, no seu Pleno ou Turma, ou a Seção de Dissídios Individuais do Tribunal Superior do Trabalho, ou a Súmula de Jurisprudência Uniforme dessa Corte;
>
> b) derem ao mesmo dispositivo de lei estadual, convenção coletiva de trabalho, acordo coletivo, sentença normativa ou regulamento empresarial de observância obrigatória, em área territorial que exceda a jurisdição do Tribunal Regional prolator da decisão recorrida, interpretação divergente na forma da alínea 'a';
>
> c) proferidas com violação literal de disposição de lei federal ou afronta direta e literal à Constituição Federal".

É adequado o registro de que, mais recentemente, e ainda nas hipóteses legais de cabimento do recurso extremo trabalhista, a Lei n. 9.957/00 acrescentou ao art. 896 da CLT o § 6º, que estabelece o seguinte:

> "Nas causas sujeitas ao procedimento sumaríssimo, somente será admitido recurso de revista por contrariedade a súmula de jurisprudência uniforme do Tribunal Superior do Trabalho e violação direta da Constituição da República".

Antes de fazer qualquer consideração às hipóteses de cabimento, previstas no preceito consolidado, é bom recordar que a jurisprudência sumular delineou algumas hipóteses em que o recurso de revista não é cabível. Para reexame de fatos e provas, é o entendimento expresso na Súmula n. 126. O exame de fatos e provas já é realizado na instância ordinária pelas Varas e Tribunais Regionais do Trabalho e, na instância extraordinária, a matéria em debate restringe-se tão-somente à matéria de direito.

O colendo Supremo Tribunal Federal, em decisão recente, acórdão da lavra do *Ministro Sepúlveda Pertence*, destaca como corretamente assinalada a afirmação de que:

"o princípio do duplo grau esgota-se nos recursos cabíveis no âmbito do reexame de decisão, por uma única vez. Os recursos de terceiro grau das Justiças trabalhista e eleitoral, o recurso especial para o STJ e o extraordinário para o STF, não se enquadram na garantia do duplo grau, sendo outro seu fundamento".[6]

Também não cabe contra acórdão regional prolatado em agravo de instrumento, conforme orientação do Verbete n. 218, ocorrendo o mesmo com relação às decisões interlocutórias, Súmula do TST n. 214, salvo nas hipóteses de decisão:

"a) de Tribunal Regional do Trabalho contrária à Súmula ou Orientação Jurisprudencial e do Tribunal Superior do Trabalho; b) suscetível de impugnação mediante recurso para o mesmo tribunal; c) que acolhe exceção de incompetência territorial com a remessa dos autos para o Tribunal Regional distinto daquele a que se vincula o juízo excepcionado, consoante disposto no art. 799, § 2º, da CLT".

O cabimento contra decisões proferidas em execução de sentença também tem previsibilidade muito restrita, uma vez que o acesso está adstrito à demonstração inequívoca de violação direta e literal a preceito constitucional, conforme orientação traçada pela Súmula n. 266 do TST e que acabou sendo seguida pela Lei n. 9.756/98, ao dar redação ao § 2º do art. 896 da Consolidação das leis do Trabalho.

Pode-se afirmar que o prequestionamento passou a figurar também entre os pressupostos de admissibilidade do recurso de revista.

"O prequestionamento é uma construção peculiar aos recursos de natureza extraordinária. Consiste basicamente no fato de que as teses divergentes e/ou oportunamente submetidas e analisadas pela instância julgadora ordinária, sob pena de negativa de seguimento ao recurso, por ausência de pressuposto essencial à sua admissão. Diz-se prequestionada a matéria quando o órgão julgador adota entendimento explícito sobre dada matéria.

Em recente decisão, o Pretório Excelso esclareceu que não basta à parte oferecer a matéria para discussão, sendo essencial a manifestação explícita do Julgador sobre as questões propostas. Nesse horizonte, compete à parte opor embargos declaratórios contra a decisão regional que deixa de se manifestar sobre as teses ventiladas nas razões recursais, sob pena de preclusão da matéria e ausência de prequestionamento. E isso tudo tem sua lógica, pois o Tribunal *ad quem* não tem meios reais de

(6) Informativo STF n. 187, 10 de maio de 2000.

cotejar as teses divergentes, quando o juízo *a quo* não emite seu posicionamento sobre o *thema decidendum*.

Provocada a jurisdição, com submissão de determinada tese a julgamento, não poderá o juízo deixar de resolvê-la, sob pena de restar caracterizada omissão no julgado. Nesse caso, incumbe à parte prejudicada manejar o recurso de embargos declaratórios, para sanar as omissões existentes no acórdão.

Na prática, todavia, temos presenciado situações em que a parte provoca a manifestação do órgão julgador, através de embargos declaratórios, sem que o Colegiado a supra satisfatoriamente. Diante disso, deverá a parte apresentar recurso de revista, apontando violação aos arts. 832 da CLT e 93, inc. IX, da Constituição, face à nulidade da decisão regional, decorrente de negativa de prestação jurisdicional. O Tribunal Superior do Trabalho já possui precedentes seguros nessa linha, anulando a decisão regional, com remessa do feito à Corte Regional, para que complete a prestação jurisdicional, sanando o defeito apontado em sede declaratória:

"...Não obtendo a necessária manifestação jurisdicional até mesmo mediante oposição de Embargos Declaratórios, caracterizada está a ofensa ao art. 832 consolidado, devendo os autos retornar à Turma de origem, a fim de que seja proferido novo julgamento nos Embargos Declaratórios. Recurso conhecido e provido".

"Nulidade. Negativa de prestação jurisdicional. A fundamentação do julgado constitui requisito indispensável à validade do pronunciamento judicial, sendo resguardado por preceito de ordem pública, visando assegurar aos litigantes o devido processo legal, possibilitando-lhes meios para a articulação dos seus recursos. A decisão que não explicita os fundamentos reveladores do convencimento do juiz, nem mesmo após a oposição de embargos declaratórios, nega a prestação jurisdicional e, portanto, deve ser anulada. Revista conhecida e provida".

Não se pode, todavia, confundir a situação em que a parte, maliciosamente, não questiona a matéria oportunamente e tenta questioná-la após a prolação do acórdão, utilizando-se da via declaratória. Nesse caso, não logrará êxito a pretensão pois, ao invés de prequestionamento, haverá pós-questionamento, hipótese em que já se terá verificado a preclusão da oportunidade de trazer a matéria ao debate.

Questão que vem sendo freqüentemente discutida é a da necessidade do prequestionamento, quando se tratar de incompetência absoluta do juízo. O Tribunal Superior do Trabalho tem-se posicionado pela exigência do requisito em tais casos. Nessa linha, é claro e inequívoco o Precedente Jurisprudencial n. 62 da SDI, cujo teor é o seguinte:

"Prequestionamento. Pressuposto de recorribilidade em apelo de natureza extraordinária. Necessidade, ainda que a matéria seja de incompetência absoluta (AGERR 74011/93, Ac. 4.136/94, DJ 11.11.94, Min. Cnéa Moreira, decisão unânime)".

Essa orientação merece nossa crítica, por diversos fundamentos. Primeiramente, porque a incompetência absoluta, como se sabe, é causa de nulidade, que pode ser apontada pelas partes ou declarada *ex officio* em qualquer momento processual. Nesse sentido é expresso o art. 113 do CPC, *verbis*: 'A incompetência absoluta deve ser declarada de ofício e pode ser alegada, em qualquer tempo e grau de jurisdição, independentemente de exceção'."

No processo trabalhista, a incompetência pode se verificar em razão da pessoa, do lugar ou da matéria. As duas primeiras são incompetências relativas, devendo ser alegadas pela parte na primeira oportunidade (art. 795 da CLT), enquanto a outra é incompetência absoluta, podendo ser declarada até mesmo de ofício (§ 1º do art. 795 da CLT). E, diante da inexistência de disposição expressa na CLT, aplica-se subsidiariamente a regra do art. 113 do CPC, que prevê a possibilidade de alegar a incompetência absoluta a qualquer tempo ou fase processual.

Ora, se o Julgador pode e deve declarar de ofício a incompetência absoluta, não há por que se exigir o prequestionamento da matéria. A competência não se prorroga e a nulidade não é sanada pelo silêncio da parte, em virtude do dever oficial do juízo. Sobre o tema, é oportuna a lição do mestre gaúcho *Mozart Victor Russomano*, que ensina: "O ato nulo de pleno direito, exatamente porque é *né mort*, como dizem os franceses, sê-lo-á sempre, quer seja, quer não seja alegada a nulidade. Por isso, o interesse coletivo autoriza o juiz a declarar o vício insanável, com base na letra expressa no Código Civil, art. 146, parágrafo único".

Por tudo isso, entendemos que a Corte Superior, quando se defronta com a alegação de incompetência absoluta, tem o dever de acolhê-la, por impossibilidade de convalidação das nulidades oriundas de incompetência absoluta, sendo despida de substrato legal a orientação criticada.

Outro ponto que sempre chamou nossa atenção diz respeito à violação legal e/ou divergência jurisprudencial originada no próprio acórdão regional. Exemplos típicos são os casos de julgamento extra petita ou ultra petita; de recurso não conhecido por deserção etc. A jurisprudência do TST firmou entendimento de que não é exigível o prequestionamento nestes casos:

"Prequestionamento inexigível. Violação nascida na própria decisão recorrida. En. n. 297. Inaplicável. (E-RR 30443/91, Ac. 3708/96, DJ 9.8.96, Min. José L. Vasconcellos, decisão unânime)".

Essa orientação do TST é mais ampla do que a que se costuma conferir à situação análoga na justiça comum. No STJ é pacífico o entendimento de que, nascida a violação na própria decisão recorrida, cabe à parte prequestionar o tema pela via dos embargos declaratórios. Parece-nos mais recomendável à parte adotar este procedimento, oferecendo oportunamente os declaratórios, pois a qualquer momento o TST pode alterar seu entendimento, prejudicando a parte que não tiver tal precaução.

Como se vê, o atendimento do pressuposto é enfatizado com rigor pelas Cortes Superiores, exigindo-se que haja o questionamento explícito da matéria na decisão recorrida. Todavia, isso não induz à equivocada conclusão de alguns juristas, no sentido de que os dispositivos de lei, tidos por violados, devem restar explicitamente indicados no acórdão impugnado. Tal equívoco é notável no dia-a-dia forense e se comprova pela oposição de embargos declaratórios com tal finalidade, em circunstâncias em que as matérias discutidas foram devidamente abordadas pela decisão embargada.

O que se exige, repita-se, é a discussão da matéria e não a análise detalhada do dispositivo legal questionado. Nesse sentido a flexível orientação conferida pela SDI do TST: "...Havendo tese explícita sobre a matéria, na decisão recorrida, desnecessário contenha nela referência expressa do dispositivo legal para ter-se como prequestionado este. Inteligência do En. n. 297. Decisão unânime)". Aliás, esse entendimento também é pacífico na Excelsa Corte: "O prequestionamento para o RE não reclama que o preceito constitucional invocado pelo recorrente tenha sido explicitamente referido pelo acórdão, mas, sim, que se tenha versado inequivocamente a matéria, objeto da norma que nele se contenha".

Vale registrar, contudo, que isso não dispensa o recorrente do dever de indicar expressamente, em suas razões recursais, o dispositivo legal que entende ter sido violado. Embora isso pareça lógico, há inúmeras situações em que não ocorre, deixando o Tribunal *ad quem* com a difícil missão de adivinhar as normatividades violadas, o que se mostra inaceitável.

Do exposto, conclui-se que o prequestionamento é um ônus da parte, intimamente vinculado aos princípios do dispositivo e da devolutividade recursal. Segue-se a linha de que o juiz não pode prestar jurisdição sem que a parte o provoque e que um Tribunal não pode apreciar questão não solucionada pela instância *a quo*.

"Ressalvadas as nossas críticas, acreditamos que a exigência do prequestionamento é salutar e recomendável. Os recursos de índole extraordinária, como se sabe, possuem pressupostos de cabimento específicos e finalidades peculiares, que vão muito além da justiça no caso concreto. O prequestionamento, nesse diapasão, mais do que uma construção limitadora e restritiva, afigura-se como um requisito fundamental de respeito à organicidade procedimental e de homenagem à cláusula do processo, encartada no art. 5º, LIV, do Texto Fundamental. (*Revista LTr*. Vol. 63 n. 10, outubro de 1999, p. 1.345 a 1.347).[7]

A jurisprudência conseguiu construir o entendimento que prevalece hoje na Súmula do egrégio TST e que o incluiu entre os pressupostos do recurso de revista.

---

(7) DIAS, Luiz Cláudio Portinho. *Aspectos Essenciais do Prequestionamento na Justiça do Trabalho*. <http: extranet.trt.12.gov./Br>. Acesso em 21.1.2003.

Os verbetes da súmula de jurisprudência do TST de ns. 296 e 297 fazem alusão à preclusão.

O primeiro assevera em seu item I:

"I — A divergência jurisprudencial ensejadora da admissibilidade, do prosseguimento e do conhecimento do recurso há de ser específica, revelando a existência de teses diversas na interpretação de um mesmo dispositivo legal, embora idênticos os fatos que as ensejaram".

O último verbete citado consagra o seguinte entendimento:

"I — Diz-se prequestionada a matéria ou questão quando na decisão impugnada haja sido adotada, explicitamente, tese a respeito.

II — Incumbe à parte interessada desde que a matéria haja sido invocada no recurso prinipal, opor embargos declaratórios, objetivando o pronunciamento sobre o tema, sob pena de preclusão.

III — Considera-se prequestionada a questão jurídica invocada no recurso principal sobre a qual se omite o Tribunal de pronunciar tese, não obstante opostos embargos de declaração".

Surge assim o prequestionamento ficto.

A necessidade de atendimento a essa exigência da jurisprudência sumular tem proporcionado a oposição de embargos declaratórios nos Tribunais Regionais do Trabalho em número expressivo e, na sua grande maioria, não só dentro da regra de seu cabimento. E, portanto, em razão de possível omissão, obscuridade ou contradição, nos termos do art. 535 do Código de Processo Civil, mas também com o objetivo de deixar discutida a possibilidade de haver ou não afronta a determinado dispositivo de lei.

Em algumas situações, os embargos declaratórios são opostos, com o objetivo de buscar o enquadramento de uma moldura fática que propicie ao recorrente, a partir daí, estabelecer a evidência de um conflito jurisprudencial.

O recorrente, ao embargar de declaração, usa portanto de um antídoto, na maioria das vezes, que não tem previsão de cabimento. São os embargos prequestionadores, para tentar demonstrar exclusivamente que a interpretação diversa, emprestada por um outro Tribunal a um dispositivo da lei, partiu de pressupostos fáticos idênticos.

Isso vem ocorrendo nos Tribunais Regionais do Trabalho; em relação às Varas, a situação é bastante diversa.

O Tribunal Superior do Trabalho pode deixar de vir a conhecer um grande número de recursos de revista, quando os recorrentes não se valerem dos embargos declaratórios, por falta de atendimento à orientação jurisprudencial, em razão de ter deixado de prequestionar a matéria, mas isso não ocorrerá, certamente, nos Tribunais Regionais do Trabalho na apreciação dos recursos ordinários, em razão das características que o efeito devolutivo apresenta nesse recurso.

A parte recorrente deve, portanto, na sede ordinária e, antes mesmo de pretender interpor o recurso de revista, cercar-se de algumas garantias e prequestionar se a decisão recorrida viola a literalidade de determinado dispositivo de lei que deixou de ser citado. Embora o acórdão permita até deduzir que a interpretação é em torno desse dispositivo da lei, deve antes, pelos embargos declaratórios, deixar prequestionada a possibilidade de ter havido ou não o arranhão a esse dispositivo da lei, que se pretende apontar como malferido. O Tribunal Superior do Trabalho também tem entendido que o prequestionamento deve ser explícito.

O prequestionamento implícito com relação a questões fáticas, não tem sido tolerado pela jurisprudência do Tribunal Superior do Trabalho.

Com a institucionalização do prequestionamento ficto, segundo o qual se considera prequestionada uma questão jurídica diante de determinado preceito de lei desde que opostos embargos de declaração, não mais se declara a nulidade da decisão do Tribunal Regional, no caso de ocorrer a rejeição do pedido declaratório.

Se os embargos não forem antídoto bastante para deixar a matéria prequestionada, por certo será fundamento suficiente para amparar o recurso de revista, a argüição de nulidade do acórdão por negativa da prestação jurisdicional, por violação à literalidade dos arts. 832 da CLT e 93, inciso IX, da Constituição da República.

O primeiro pressuposto legal de cabimento, preconizado pela alínea "a", gira em torno da interpretação divergente de um mesmo dispositivo de lei, mas se a decisão recorrida tiver sido proferida em sintonia com a Súmula de Jurisprudência do TST, evidentemente não adiantará ao recorrente indicar aresto que se contraponha à tese revisanda.

É a própria alínea "a" *in fine* do preceito consolidado que, nessa hipótese, obstaculiza a probabilidade válida de conflito jurisprudencial pois, embora existente a divergência, está perfeitamente superada pela edição da Súmula.

Também, quando a decisão recorrida guardar consonância com iterativa, notória e atual jurisprudência do Tribunal Superior do Trabalho, a revista se defronta com o óbice da Súmula n. 333 do TST, que foi recentemente revisada por aquela egrégia Corte, conforme dá noticia a Resolução n. 99/00, que passou a ter a seguinte redação:

"Não ensejam recursos de revista ou de embargos decisões superadas por iterativa, notória e atual jurisprudência do Tribunal Superior do Trabalho".[8]

Sempre que a jurisprudência das Turmas do Tribunal for uníssona, e a decisão recorrida consagrar esse mesmo entendimento, e não houver sido editada uma Súmula, há a possibilidade de o recurso de revista encontrar óbice ao processamento, pois o entendimento consagrado pelo Verbete n. 333 atrai a aplicação da alínea "a", *in fine*, do permissivo consolidado.

Também quando o decidido contrariar Súmula do Tribunal Superior do Trabalho cabe o recurso extremo pela simples demonstração de divergência jurisprudencial com a orientação nele consagrada. Esse fundamento é bastante para proporcionar o conhecimento e o provimento. E aqui parece perfeitamente oportuno lembrar que a Lei n. 9.756, de 17 de dezembro de l998, modificou os arts. 544 e 557 do Código de Processo Civil e tornou mais amplo o poder decisório do juiz relator. Quando o recurso contrariar matéria superada pelas Súmulas, terá o processamento obstaculizado mas, quando buscar adaptar o decidido à orientação jurisprudencial sumular, o Ministro relator poderá dar provimento ao recurso. O Tribunal Superior do Trabalho, pela Resolução n. 91/99, publicada em 12.1.2000, editou a Instrução Normativa n. 17, que "Uniformiza a interpretação da Lei n. 9.756, de 17 de dezembro de 1998, com relação ao recurso de revista" e que tem o seguinte teor:

"*I* — Aplica-se ao processo do trabalho o disposto no parágrafo único do art. 120 do Código de Processo Civil, segundo a redação dada pela Lei n. 9.756/98, relativo ao conflito de competência, nos seguintes termos:

Havendo jurisprudência dominante no Tribunal sobre a questão suscitada, o relator poderá decidir, de plano, o conflito de competência, cabendo agravo, no prazo de oito dias, contado da intimação às partes, para o órgão recursal competente.

II — Aplica-se ao processo do trabalho o parágrafo único acrescido ao art. 481 do CPC, conforme redação dada pela Lei n. 9.756/98, no que tange à declaração de inconstitucionalidade, nos seguintes termos:

Os órgãos fracionários dos Tribunais não submeterão ao plenário, ou ao órgão especial, a argüição de inconstitucionalidade, quando já houver pronunciamento destes ou do plenário do Supremo Tribunal Federal sobre a questão.

---

(8) DJ 18.9.2000.

III — Aplica-se ao processo do trabalho o *caput* do art. 557 do Código de Processo Civil, com a redação dada pela Lei n. 9.756/98, salvo no que tange aos recursos de revista, embargos e agravo de instrumento os quais continuam regidos pelo § 5º do art. 896 da Consolidação das Leis do Trabalho — CLT, que regulamenta as hipóteses de negativa de seguimento a recurso.

Assim, ressalvadas as exceções apontadas, o relator negará seguimento a recurso manifestamente inadmissível, improcedente, prejudicado ou em confronto com súmula ou com jurisprudência dominante do respectivo Tribunal, do Supremo Tribunal Federal, ou de Tribunal Superior. Outrossim, aplicam-se ao Processo do Trabalho os §§ 1ºA, 1º e 2º do art. 557 do Código de processo civil, adequando-se o prazo do agravo à sistemática do processo do trabalho (oito dias).

Desse modo, se a decisão recorrida estiver em manifesto confronto com súmula ou com jurisprudência dominante no Supremo Tribunal Federal, ou de Tribunal Superior, o relator poderá dar provimento ao recurso, cabendo agravo, no prazo de oito dias, ao órgão competente para o julgamento do recurso. Se não houver retratação, o relator após incluir o processo em pauta, proferindo voto. Provido o agravo, o recurso terá seguimento. (NR)

IV — Os beneficiários da justiça gratuita estão dispensados do recolhimento antecipado da multa prevista no § 2º do art. 557 do CPC. (NR)

V — As demais disposições oriundas de alteração do processo civil, resultantes da Lei n. 9.756/98, consideram-se inaplicáveis ao processo do trabalho, especialmente o disposto no art. 511, *caput,* e seu § 2º.

A interpretação divergente prevista pelo art. 896 da CLT haverá de ser, necessariamente, aquela que lhe houver dado outro Tribunal Regional do Trabalho ou o Tribunal Superior do Trabalho, por meio da Seção Especializada de Dissídios Individuais.

Registre-se que a divergência haverá de ser entre Tribunais do Trabalho. São inservíveis, portanto, decisões de Varas do Trabalho, do STJ ou até mesmo do colendo Supremo Tribunal Federal.

Eventualmente, costumam ser transcritas para reforçar os fundamentos do inconformismo, mas para demonstrar o conflito jurisprudencial só servem as decisões dos Tribunais do Trabalho.

Os acórdãos de Turmas do TST tampouco servem para a comprovação da divergência, a não ser na hipótese de embargos de divergência interpostos no próprio Tribunal Superior do Trabalho. Seu eventual cotejo, por vezes, se justifica como forma de demonstração da existência de decisões diversas dentro do próprio TST, o que é perfeitamente natural.

Em matéria de comprovação da divergência jurisprudencial, regra geral, os recursos apresentam grandes deficiências.

"I — Para comprovação da divergência justificadora do recurso, é necessário que o recorrente:

a) Junte certidão ou cópia autenticada do acórdão — paradigma ou cite a fonte oficial ou repositório autorizado em que foi publicado e,

b) transcreva, nas razões recursais, as ementas e/ou trechos dos acórdãos trazidos à configuração do dissídio, demonstrando conflito de teses que justifique o conhecimento do recurso, ainda que os acórdãos já se encontrem nos autos ou venham a ser juntados com o recurso.

II — A concessão de registro de publicação como repertório autorizado de jurisprudência do TST tornou válidas todas as suas edições anteriores".

É o que diz o Verbete sumular n. 337.

A citação da fonte de publicação, além de ser oriunda de repertório idôneo de jurisprudência, haverá de ser precisa. Se o recorrente afirmar que foi publicada no Diário de Justiça do Estado, deverá apontar o dia do Diário e até o número da página, para eventual consulta. Se a citação for feita sem o cumprimento dessa exigência, e o recorrente resolver acostar ao arrazoado cópia da decisão paradigma, esta terá que vir aos autos em cópia válida.

É sempre bom recordar que o art. 830 da CLT exige, expressamente, que qualquer documento oferecido para prova só será aceito se estiver no original ou for certidão autêntica, ou quando conferida a respectiva pública-forma ou cópia perante o juiz ou tribunal.

Também é importante destacar que, em relação à juntada de novos documentos, a Súmula n. 8 do TST dispõe que:

"Juntada de documento — A juntada de documento na fase recursal só se justifica quando provado o justo impedimento para a sua oportuna apresentação ou se referir a fato posterior à sentença".

O Regimento Interno do TST, pelo art. 232, passou a exigir fonte oficial ou repositório autorizado. A regulamentação dos repertórios autorizados está disciplinada no Ato n. 270, baixado pelo Excelentíssimo Senhor Presidente do Tribunal Superior do Trabalho. Para que um repertório de jurisprudência seja indicado como fonte, é necessário que esteja registrado no TST.

No momento, a lista atualizada do Tribunal Superior do Trabalho é a seguinte:

REPOSITÓRIOS AUTORIZADOS DE JURISPRUDÊNCIA DO TRIBUNAL SUPERIOR DO TRABALHO

TÍTULO DA PUBLICAÇÃO	EDITOR	DATA DE REGISTRO
Informa Jurídico – CD-Rom	Prolink Publicações Ltda.	11.10.2004
Suplemento de Jurisprudência	LTr Editora Ltda.	25.6.2003
Revista Bonijuris	Instituto de Pesquisas Jurídicas Bonijuris	27.12.2001
BONIJURIS – Banco de Dados de Jurisprudência Trabalhista – CD-Rom	Instituto de Pesquisas Jurídicas Bonijuris	31.10.2000
Revista ADCOAS Previdenciária	Editora Esplanada Ltda.	31.10.2000
Revista ADCOAS Trabalhista	Editora Esplanada Ltda.	31.10.2000
Juris Síntese IOB – CD-Rom (1)	Editora Síntese Ltda.	27.3.2000
Repertório IOB de Jurisprudência – CD-Rom	IOB Informações Objetivas Publicações Jurídicas Ltda.	20.12.1999
Revista Nacional de Direito do Trabalho	Nacional de Direito Livr. Ed. Ltda.	12.8.1999
Ciência Jurídica do Trabalho	Nova Alvorada Edições Ltda.	4.12.1998
Repertório de Jurisprudência Trabalhista João Lima Teixeira Fº	Freitas Bastos/Renovar (2)	23.9.1997
Julgados Trabalhistas Selecionados	LTr Editora Ltda.	23.9.1997
SDI – Jurisprudência Uniformizadora do TST	Editora Decisório Trabalhista	4.9.1997
Revista do Direito Trabalhista	Editora Consulex Ltda.	13.5.1997
Trabalho & Doutrina	Editora Saraiva	28.4.1997
Revista de Direito do Trabalho	Editora Revista dos Tribunais Ltda.	11.9.1995
Nova Jurisprudência em Direito do Trabalho – V. Carrion	Editora Saraiva	21.8.1995
Dicionário de Decisões Trabalhistas / C. Bonfim	Edições Trabalhistas/Impetus (3)	21.8.1995

TÍTULO DA PUBLICAÇÃO	EDITOR	DATA DE REGISTRO
Justiça do Trabalho (antiga Revista de Jurisprudência Trabalhista do Rio Grande do Sul)	HS Editora Ltda.	21.2.1995
Decisório Trabalhista	Editora Decisório Trabalhista Ltda.	8.2.1995
Série Jurisprudência Adcoas	Editora Esplanada Ltda.	20.9.1994
Revista Trimestral de Jurisprudência dos Estados	Editora Jurid Vallenich Ltda.	15.9.1994
Jurisprudência Brasileira Trabalhista	Juruá Editora Ltda.	15.9.1994
Genesis – Revista de Direito do Trabalho	Gênesis Editora	15.9.1994
Revista LTr – Legislação do Trabalho e Previdência Social	LTr Editora Ltda.	14.9.1994
Síntese Trabalhista	Editora Síntese Ltda.	2.9.1994

(1) O repositório foi registrado originalmente como Juris Síntese CD-Rom, posteriormente como Juirs Síntese Millenniun CD-Rom.
(2) O repertório autorizado n. 16/1997 é publicado por editoras distintas: ns. 1 a 6, pela Livraria Freitas Bastos; a partir do n. 7, pela Editora Renovar.
(3) O repertório n. 9/1995 é ppublicado por editoras distintas: até a 34ª edição, pelas Edições Trabalhistas; a partir da 35ª edição, pela Editora Impetus.

Última Atualização: 23 de junho de 2005
Fonte: Subsecretaria de Documentação/TST[9].

A simples juntada de acórdão devidamente autenticado ao arrazoado não é o bastante para amparar o fundamento da divergência jurisprudencial. É necessário que a parte, nas razões de inconformismo, mencione a tese que identifica os casos confrontados, e que indique expressamente qual é o trecho do acórdão acostado, que consagra entendimento diverso, podendo vir a configurar conflito jurisprudencial.

O Tribunal Superior do Trabalho não prescinde do atendimento a essa exigência, que se revela perfeitamente compatível com a preparação do recurso extraordinário trabalhista.

Na elaboração do recurso de revista há inúmeros cuidados a tomar. É necessário que o arrazoado apresente os fundamentos pelos

(9) <http://www.tst.gov.br/basesjuridicas/.>.

quais se busca a reforma da decisão recorrida. A alusão simples e genérica à colação de inúmeros acórdãos não é bastante para deduzir o conflito jurisprudencial.

Não cabe ao Juiz ver qual deles confronta com a decisão recorrida. É obrigação da parte indicá-lo e demonstrar qual dos acórdãos, e, mais que isso, qual é o trecho que conflita com o acórdão recorrido.

A especificidade dos arestos trazidos para demonstrar o conflito jurisprudencial também tem de estar presente na colação da jurisprudência tida como divergente. Se a decisão recorrida resolver determinado item do pedido por diversos fundamentos, o aresto trazido a cotejo deverá abranger a todos, porque se o paradigma abordar só um dos fundamentos, está maculada a especificidade. A Súmula n. 23 do TST alude expressamente à necessidade de se atender à especificidade.

A alínea "b" do art. 896 da CLT também trata de divergência jurisprudencial, quando a decisão recorrida der interpretação diversa ao mesmo dispositivo de lei estadual, convenção coletiva de trabalho, acordo coletivo, sentença normativa ou regulamento empresarial de observância obrigatória em área territorial, que exceda a jurisdição do Tribunal Regional prolator da decisão recorrida.

Ilustre membro do Ministério Público, junto ao Tribunal Superior do Trabalho, elucida com singular clareza a interpretação que merece ser dada à alínea "b" do art. 896 da CLT, em razão da nova redação que lhe proporcionou a Lei n. 7.701/88:

> "Restringe-se o campo de interesse deste trabalho à busca de uma interpretação do conteúdo da alínea "b" do art. 896 da Consolidação das Leis do Trabalho, introduzido pelo art. 12 da Lei n. 7.701, de 21 de dezembro de 1988, que se mostre harmoniosa com as demais hipóteses contidas nas alíneas "a" e "c", preservadoras dos pressupostos específicos da revista até então existentes, mas também modificadas, em parte, pelo mesmo veículo introdutor do novo requisito recursal.
>
> Na diretriz a ser tomada será colocado de lado o exame da maior parte do processo histórico evolutivo do conteúdo do mencionado dispositivo consolidado, iniciado no Regulamento da Justiça do Trabalho, no qual a revista recebia a denominação de "recurso extraordinário", tendo percorrido várias etapas até chegar ao momento atual e cuja compreensão tem motivado controvérsias nos Tribunais.
>
> Concentrar-se-ão as investigações do presente estudo nos dois estágios derradeiros desse processo, que se revelam suficientes para propiciar o estudo comparativo necessário ao alcance da meta visada.
>
> Serão destacadas, portanto, de acordo com a orientação já definida, principalmente as duas últimas redações do art. 896 da Consolidação das

Leis do Trabalho, conforme textos das Leis ns. 5.442 (de 24 de maio de 1968), 7.033 (de 5 de outubro de 1982) e 7.701 (de 21 de dezembro de 1988).

II — Redação do art. 896 da CLT, após a Edição das Leis ns. 5.442/68 e 7.033/82.

Embora já descartada qualquer pretensão quanto a proceder a um estudo mais minucioso do processo evolutivo, experimentado pelo recurso de revista, há que se fazer um breve relato histórico do mesmo, no propósito, tão-somente, de pincelar o percurso feito para chegar aos dois últimos estágios que interessam ao objetivo traçado.

Começa a trajetória do indigitado recurso com o Decreto n. 6.596, de 12 de dezembro de 1940, regulamentador do Decreto-Lei n. 1.237, de 2 de maio de 1941, que instituiu a Justiça do Trabalho — em que recebeu o nome de recurso extraordinário, tendo cabimento na hipótese de ocorrência de divergência na interpretação de lei, conforme previsto no art. 203.

Ocorreram, posteriormente, diversas e importantes modificações no conteúdo deste instituto, dentre as quais: a do Decreto-Lei n. 5.452, de 1º de maio de 1943 (Consolidação das Leis do Trabalho), propiciando a introdução do pressuposto recursal contido na alínea "b" do art. 896 da Consolidação das Leis do Trabalho, admitindo, pois, o cabimento do ainda denominado recurso extraordinário, das decisões de última instância "proferidas com violação expressa de direito"; a do Decreto-Lei n. 8.737, de 19 de janeiro de 1946, implementando mudança de redação na letra "b", que passou a referir as decisões proferidas contra a letra expressa da lei; a da Lei n. 861, de 13 de outubro de 1949, quando já se encontrava judiciarizada a Justiça do Trabalho, responsabilizando-se, dentre outras coisas, pela alteração da denominação do recurso extraordinário para recurso de revista, a qual permanece até hoje.

Outras significativas reformulações ainda se operaram, por meio da Lei n. 2.244/54, do Decreto-Lei n. 229/67 e, ainda, da Lei n. 5.442/68, até virem os retoques da Lei n. 7.033/82, que deram ao *caput* e às duas alíneas do art. 896 da CLT a redação que ostentou até a edição da Lei n. 7.701/88 e que apresentava o seguinte texto:

"Art. 896 da CLT — Cabe recurso de revista das decisões de última instância quando:

a) derem ao mesmo dispositivo legal interpretação diversa da que lhe houver dado o mesmo ou outro Tribunal, através do pleno ou de Turma, ou o Tribunal Superior do Trabalho, em sua composição plena, salvo se a decisão estiver em consonância com prejulgado ou jurisprudência uniforme deste;

b) proferidas com violação de literal disposição de lei ou de sentença normativa".

III — Compreensão deste Dispositivo pela Doutrina e Jurisprudência

Para dar partida ao exame, agora mais minucioso, do que continha intrinsecamente esse dispositivo, convém fazer, inicialmente, uma importante colocação, tomando emprestadas as palavras do eminente mestre do processo trabalhista, *Antônio Lamarca:*

"Na Justiça do Trabalho, o Tribunal Superior do Trabalho é quem deve dizer, como ponto final, a vontade da lei, quer nos apeguemos ao item "a", quer nos vinculemos ao item "b" do artigo 896 da Consolidação das Leis do Trabalho (*Processo do Trabalho Comentado*, p. 620).

Elucida ainda o renomado autor, a respeito de que lei deve pronunciar-se a Instância Superior, dizendo: "Em primeiro lugar, cumpre assinalar que os tribunais do trabalho só podem divergir no que concerne a leis de direito do trabalho (essa, a sua competência *ratione materiae*), quer sejam processuais" (*in obra citada*, p. 622).

Prosseguindo com o mesmo jurista:

"Para que a revista se viabilize é mister que a lei seja federal (não cabe recurso de revista contra lei estadual ou municipal) e que trate de assunto trabalhista (*in obra citada*, p. 625).

Deixando de lado o segundo aspecto — isto é, quanto a que o assunto deva ser trabalhista, porque foge ao centro de interesse deste estudo — o que precisa ficar mais claramente reiterado, porque importante ao fim das reflexões ora manifestas, diz respeito à afirmativa de que somente quando a lei fosse oriunda da esfera federal poderia ter sua violação ou interpretação apreciada por meio de recurso de revista. Paralelamente, era admitido o exame da violação de sentença normativa, hoje suprimido.

Alterações significativas nessa compreensão, algumas de certo modo injustificadas, vieram com a Lei n. 7.701/88, em que se cria uma exceção, notadamente circunstanciada, como é de crer deva ser entendido, para admitir, também, a violação de lei, mesmo quando não emanada da órbita federal. Seus pormenores serão examinados mais adiante.

No período compreendido entre as edições das Leis ns. 5.442/68 e 7.701/88, portanto, o entendimento firmado na doutrina, em geral, acerca do art. 896 da CLT, omisso na exemplificação do tipo de lei a que se referia, era o mesmo do jurista tomado para ilustração. Esse posicionamento tinha, inclusive, tudo a ver com a própria finalidade do recurso de revista: uniformizar a aplicação da lei no território nacional. Evidentemente, tal propósito só pode ser alcançado em se tratando de lei federal, pois as leis que regulam o trabalho no Brasil são todas federais.

O não menos insigne jurista, *Mozart Victor Russomano*, emprestava grande significado a essa corrente doutrinária, asseverando, em relação ao pressuposto da violação de lei, o seguinte: "Assim não se exige, apenas, que a decisão tenha ferido norma jurídica; exige-se muito mais: exige-se que se demonstre o atrito entre a sentença recorrida e um preceito de lei. A ofensa deve ser praticada, pois, contra norma escrita (lei e, mais do que isso, contra-lei expressa) e, segundo entendimento generalizado, contra lei federal". (*Comentários à CLT*, 10ª ed., p. 986).

A jurisprudência, na sua maior parte, também se orientava neste sentido. A título de exemplificação, podem ser pinçados alguns julgados da época em que a interpretação era, por vezes, controvertida, diante da omissão perpetrada, no que diz respeito à especificação quanto à natureza da lei a que se reportavam os dois pressupostos desse recurso de natureza extraordinária, aos quais veio juntar-se, mais recentemente, a exceção atualmente agasalhada na alínea "b" do art. 896 da CLT.

Destaque jurisprudencial:

a) "Não serve de resposta ao recurso de revista pela alínea "b" do artigo 896 da CLT dispositivo de lei estadual (TST, 1ª T., RR 1.078/75, Rel. Min. Leão Velloso Ebert, RTST, 1975)".

b) "Somente lei federal suporta o recurso de revista na alínea "b" do art. 896 da CLT. Traz o recorrente como malferido dispositivo dos Estatutos da Caixa, que, evidentemente, não é lei federal. Revista não conhecida (TST, 1ª T., proc. RR 3.070/74, Rel. (designado) Min. Leão Velloso, 18.5.76, Dic. Decs. Trabs. 14ª ed.)".

c) "A divergência que habilita o recurso de revista não poderá ser aquela que interpreta lei estadual, porquanto, para efeitos trabalhistas, a lei estadual equipara-se aos regulamentos internos das empresas, já que aquela define situações restritas ao ambiente doméstico da administração estadual. Incide sobre a hipótese o Enunciado n. 208 do Tribunal Superior do Trabalho. Revista não conhecida". (TST, 2ª Turma, Processo n. 3.724/86; Rel. Min. Barata Silva)".(10)

IV — Alterações introduzidas pela Lei n. 7.701/88 ao art. 896 da Consolidação das Leis do Trabalho

O art. 12 da Lei n. 7.701/88 introduziu um novo pressuposto recursal para a revista, a par de ter eliminado outro e aperfeiçoado a compreensão de dois que foram mantidos. Significa dizer que se abriu uma vertente para o exame da lei estadual, da norma coletiva (convenção, acordo ou sentença normativa) e do regulamento empresarial; que foi excluída a possibilidade de apreciação de violação de sentença normativa; que passou a haver referência expressa à lei federal nas alíneas "a" e "c" do art. 896 da CLT, preservadores dos pressupostos já existentes; e, finalmente, que se tornou expressa, ainda que desnecessária, a violação da Constituição Federal. Enfim, a redação do *caput* e das três alíneas do art. 896 da CLT têm, atualmente, o seguinte teor:

Art. 896 da CLT: Cabe Recurso de Revista das decisões de última instância para o Tribunal Superior do Trabalho, quando:

---

(10) TEIXEIRA FILHO, João de Lima. *Repertório de Jurisprudência Trabalhista*. Rio de Janeiro: Freitas Bastos, v. 6, 1989, Ementa n. 4.440, p. 1.058.

a) derem ao mesmo dispositivo de lei federal interpretação diversa da que lhe houver dado o mesmo ou outro Tribunal Regional, através do Pleno ou de Turmas, ou Sessão de Dissídios Individuais do Tribunal Superior do Trabalho, salvo se a decisão recorrida estiver em consonância com Enunciado da Súmula de Jurisprudência Uniforme do Tribunal Superior do Trabalho;

b) derem ao mesmo dispositivo de lei estadual, convenção coletiva de trabalho, acordo coletivo, sentença normativa ou regulamento empresarial de observância obrigatória em área territorial, que exceda a jurisdição do Tribunal Regional prolator, interpretação divergente na forma da alínea *a*; e

c) proferidas com violação de literal dispositivo de lei federal, ou da Constituição da República.

Dissecando o conteúdo deste dispositivo legal, pode-se chegar a uma interpretação do novo pressuposto recursal, instituído pela Lei n. 7.701/88, que guarde coerência com o conjunto de regras no qual ele está inserido. Para colocar em prática esse propósito, há que se dar início a uma análise detalhada de cada um dos requisitos, até então concebidos, e a relação que guardam uns com os outros.

Em primeiro lugar, comprova-se que a alínea "a" do dispositivo em exame, do ponto de vista da redação, manteve-se praticamente como anteriormente, trazendo, no entanto, um importante elemento esclarecedor, que serviu para dissipar alguma controvérsia remanescente, ao agasalhar referência expressa de que a divergência jurisprudencial a ser uniformizada prende-se à interpretação de lei federal. A inserção dessa qualificação não se limita, outrossim, a esse único resultado. Permite, também, que se possa inferir em que medida a lei estadual, as normas coletivas ou o regulamento empresarial serão objeto de exame no TST.

Por sua vez, a análise do conteúdo da alínea "b" do dispositivo legal, ainda em questão, não pode ser procedida de modo dissociado dos demais pressupostos recursais da revista, sob pena de se extrair ilações que resultem em grande contradição. Nasce esta, por exemplo, do entendimento daqueles que dizem não aplicar-se à lei estadual a circunstância referente à exigência de que sua abrangência se espraie além da jurisdição de um tribunal, que tenha a si atribuída a apreciação de uma hipótese em que tal lei incida.

A afirmativa tem sua razão de ser. Senão, vejamos. Devemos partir do princípio de que há uma regra geral agasalhada na alínea "a", que amarra a averiguação da divergência jurisprudencial à interpretação de lei federal. Exceção em relação a ela encontra-se na alínea "b", pois também passou a ser possível o exame de dissenso pretoriano em torno de lei estadual, ou das outras normas que a acompanham, desde que sua área de incidência ultrapasse a da jurisdição do tribunal, que prolatou a decisão a que ela se aplica.

Quando se entende de outro modo, ou seja, que a condição que se encontra na parte final da alínea "b" se aplica tão-somente ao regulamento empresarial, admitindo-se, portanto, a consideração em torno de toda e qualquer lei estadual, não se pode entender o porquê da especificação da alínea "a" quanto à lei federal. O artigo 896 consolidado traria, em face dessa compreensão, palavras desnecessárias e até ininteligíveis, que confundiriam o intérprete. Como isso é inaceitável, temos que concluir que existe equívoco nesse tipo de interpretação.

Para reiterar ainda mais o equívoco hermenêutico em que tem incorrido parte da jurisprudência, pode-se, também, enfatizar que, se subtraída da lei estadual a condição aludida, bastaria que a alínea "a" simplesmente se referisse à lei sem especificá-la como federal. No entanto, como essa especificação foi justamente introduzida concomitantemente com o pressuposto novo, que permite também o exame de lei estadual, dentre outras normas de mesma estrutura, há que se encontrar uma convivência harmônica entre esses requisitos, de modo que tudo se canalize para a finalidade última do recurso de natureza extraordinária.

A alínea "c" — para a qual transplantou-se o conteúdo da antiga alínea "b", com algumas modificações, dentre as quais a extinção do pressuposto da violação de sentença normativa e a fixação do qualificativo federal, para a lei cuja violação será apreciada no TST, além do registro expresso em relação à infringência da Constituição Federal — apresenta um arcabouço que serve também de amarra para obter compreensão única acerca do novo requisito recursal.

V — Conclusão

O recurso de revista não constitui, conforme entendemos, uma terceira possibilidade para compor interesses em conflito, que já tenham percorrido os dois graus de jurisdição, garantidos constitucionalmente. É como se tivesse o propósito de simplesmente atender a mais uma inconformação das partes com a solução jurisdicional que lhes foi apresentada no segundo grau de jurisdição. Sua finalidade tem um cunho específico, conforme se procurou mostrar no início deste trabalho, através dos ensinamentos dos insignes juristas, na oportunidade nomeados.

Foi instituída essa modalidade recursal — deve ser reiterado este ponto importante das preocupações da presente análise — para uniformizar a aplicação da lei em todo o território nacional.

Esse objetivo, conforme se buscou esclarecer, ao longo do desenvolvimento das idéias aqui expostas, só pode ser cumprido em sua total plenitude quando os interesses forem centrados no exame de lei federal. Ora, se assim devem ficar delimitados os conceitos acerca da revista, não se pode tirar, de início, outra conclusão senão a de que o novo requisito recursal, contido na alínea "b" do art. 896 da CLT, representa, de certa forma, uma anomalia, uma distorção da rota traçada para o seu desenrolar. Evidentemente, a abordagem de normas, cuja aplicação tem campo restrito, não pode encontrar eco em âmbito geral e nacional.

Contudo, prevalecendo a nova possibilidade de utilização do pronunciamento do TST como meio de atuação de sua função primordial — ainda que não seja para expressar a vontade da lei de forma tão ampla, para o que foi criado o inicialmente denominado "recurso extraordinário" — em razão da sua natureza, deve-se, pelo menos, tentar entender esse novo requisito, dentro do contexto em que foi inserido. Não se pode, pois, acolhê-lo senão como exceção em relação aos dois outros pressupostos que o cercam e admitir que seja procedida a apreciação de outras normas não oriundas da órbita federal, tais como a lei estadual, a norma coletiva ou o regulamento empresarial, quando seu âmbito de incidência, ultrapassando a jurisdição de um tribunal, possa, de alguma forma, justificar a interferência do TST para praticar uma uniformização de alcance mais restrito e menos geral.

Que se cumpra, portanto, a vontade do legislador, vindo a instalar-se definitivamente o irremediável, mas que não se a desvirtue ainda mais, a ponto de se alterar totalmente a natureza do instituto jurídico que a alínea "b" passa a compor, natureza essa muito bem assimilada nas alíneas "a" e "c" do art. 896 da CLT.

Dessa forma, se colocaria em prática aquele critério que, segundo *Paula Batista*, deve ser um dos propósitos do hermeneuta: "discernir o certo do provável, o aparente do real, o verdadeiro do falso, o essencial do acidental". Ou, traduzindo na linguagem poética de *Fernando Pessoa*, esta assertiva a respeito da importância de aprender a essência das coisas:

"*Passa uma borboleta diante de mim*
E, pela primeira vez, no Universo reparo
Que as borboletas não têm cor nem movimento,
Assim como as flores não têm perfume nem cor.
A cor é que tem cor nas asas da borboleta,
No movimento da borboleta o movimento é que se move.
O perfume é que tem perfume no perfume da flor.
A borboleta é apenas borboleta
E a flor é apenas flor".[11]

Portanto, quando a decisão regional estiver calcada em interpretação de lei estadual, convenção e acordo coletivo, ou sentença normativa, a revista cabe por divergência jurisprudencial. Nessa hipótese não cabe, entretanto, o recurso pelo fundamento da alínea "c" do permissivo consolidado, pois a infringência, que veicula o seu processamento, é à lei federal e à Constituição da República.

A alínea "b" do art. 896 da CLT, com a devida *venia*, demonstra uma deficiência capital no processamento do recurso de revista à via extraordinária, pois o recurso extremo trabalhista deveria limitar-se à

---

(11) COSTA, Diana. "Recurso de Revista: Inteligência da Alínea "b" do art. 896 da Consolidação das Leis do Trabalho". *Revista LTr*. Vol. 56, n. 3/1992.

divergência em torno da interpretação da lei e nunca em torno da interpretação da prova dos autos, conforme referência já feita anteriormente à citação do renomado mestre do processo laboral, *Antônio Lamarca*, e que não é demasiado reiterar:

> "Em primeiro lugar, cumpre assinalar que os tribunais do trabalho só podem divergir no que concerne a leis de direito do trabalho (essa, a sua competência *ratione materiae*), que sejam processuais".[12]

A missão constitucional da egrégia Corte trabalhista é a de proceder à uniformização da interpretação da lei.

Por outro lado, é inegável que o recurso que possibilita ao Tribunal Superior do Trabalho cumprir essa missão tem natureza extraordinária. Diante dessas duas premissas é fácil concluir que a redação dada ao art. 896 da CLT pela Lei n. 7.701/88, além de ter promovido o Tribunal Superior do Trabalho a uma terceira instância revisora da prova, algo absolutamente inóspito e inadequado a qualquer sistema recursal, colocou-o diante da difícil missão de discriminar patrões e empregados.

Quando a lei estadual, a norma interna da empresa, a convenção coletiva, o acordo coletivo ou a sentença normativa forem de observância de área que exceda a jurisdição do Tribunal Regional prolator da decisão recorrida, cabe o recurso extremo. Isso, em verdade, só beneficiou as grandes empresas e é nítido o casuísmo desse dispositivo legal para beneficiá-las.

A Lei n. 7.701/88 almejou nitidamente a análise da prova pela Vara, o seu reexame pelos Tribunais Regionais e um novo reexame da mesma prova em instância extraordinária.

As instâncias ordinárias são instâncias soberanas para o exame de prova e a boa ou má interpretação de regulamento empresarial revela-se incompatível para discussão no âmbito do recurso de natureza extraordinária, como já decidiu o próprio colendo Supremo Tribunal Federal.

Veja-se, a propósito, a referência antes feita à decisão publicada no informativo STF n. 187, de 10.5.2000:

> "O princípio do duplo grau esgota-se nos recursos cabíveis no âmbito do reexame de decisão, por uma única vez".

É muito comum questionar-se sobre a dificuldade das partes corrigirem, na maioria das vezes, a injustiça de determinada decisão pelo

---

(12) LAMARCA, Antônio. Ob. cit., p. 622.

recurso extremo, mas a resposta a essa dificuldade está exatamente na devolutividade restrita do recurso de revista. O ordinário é que devolve ao Tribunal *ad quem* o conhecimento de toda a matéria impugnada e a modificação de uma decisão pela via extraordinária deverá, necessariamente, passar pelo crivo dos pressupostos reservados ao recurso de natureza extraordinária.

Muito embora o Tribunal Superior do Trabalho já tenha editado até um enunciado, dizendo da constitucionalidade da alínea "b" do art. 896 da CLT, em razão de reiteradas argüições de inconstitucionalidade, feitas pelo Ministério Público do Trabalho, parece que a Lei n. 7.701/88 padece de vício que a torna insustentável.

A possibilidade do recurso de revista, desde que a interpretação de regulamento ou norma empresarial exceda a jurisdição de determinado Tribunal, macula o art. 5º, *caput*, da Constituição da República, que consagra o princípio da igualdade perante a lei, sem a permissão de qualquer distinção.

Há um tratamento diferenciado entre os patrões e os empregados. Só as grandes empresas e seus empregados terão a possibilidade na obtenção, em instância extraordinária, da interpretação de seus regulamentos. Os patrões menos favorecidos e os seus empregados não terão essa oportunidade. A desigualdade é manifesta, pois impede-se que patrões e empregados tenham a mesma chance de acesso à Corte extraordinária trabalhista.

Finalmente, a alínea "c" do permissivo legal diz caber o recurso, quando a decisão for proferida com violação literal de disposição da lei federal ou afronta direta e literal à Constituição da República.

A demonstração de violação à lei é, sem dúvida alguma, o pressuposto mais difícil de ser atendido. É necessário que a violação esteja ligada à literalidade da lei.

O dia-a-dia revela a dificuldade extrema que há na superação do conhecimento, em relação à demonstração de ofensa a lei federal e a Constituição da República. *Sérgio Rizzi*, citado por *Coqueijo Costa*, com maestria lembra como ocorre a violação à literalidade da lei.

> "Quando a sentença: a) nega validade a uma lei válida; b) dá validade a uma lei que não vale; c) nega vigência a uma lei que ainda vigora; d) admite a vigência de uma lei que ainda não vigora ou já não vigora; e) nega aplicação a uma lei reguladora da espécie; f) aplica uma lei não reguladora da espécie; g) interpreta erroneamente a lei, ferindo-lhe o sentido literal".[13]

---

(13) COSTA, Coqueijo. *Ação Rescisória*, São Paulo: LTr, 1981, p. 58.

O egrégio Tribunal Superior do Trabalho tem entendido indispensável o prequestionamento, nas hipóteses de indicação de violação à lei, até mesmo nas situações mais extremas, como nas hipóteses de argüição de incompetência absoluta e que, segundo a lei processual civil, pode ser suscitada em qualquer fase processual.

O órgão prolator da decisão recorrida necessita examinar a matéria e enquadrá-la no preceito da lei que a parte pretende apontar como violado, mas a dificuldade em demonstrar o arranhão à literalidade da lei está exatamente no fato de que o julgador, ao aplicá-la, interpreta-a. Esse processo de interpretação dificilmente possibilita ao juiz mudar o conteúdo da lei.

A Súmula da jurisprudência do TST, de n. 221, em verdade consagra essa orientação e é o grande óbice ao atendimento desse requisito de conhecimento, bastante rígido no recurso extremo trabalhista.

O verbete diz o seguinte em seu item III:

"Interpretação razoável de preceito de lei, ainda que não seja a melhor, não dá ensejo à admissibilidade ou ao conhecimento de recurso de revista ou de embargos, com base, respectivamente, na alínea 'c' do art. 896 e alínea 'b' do art. 894 da Consolidação das Leis do Trabalho. A violação pode estar ligada a literalidade do preceito".

A jurisprudência dominante no colendo Tribunal Superior do Trabalho é no sentido de ser impertinente o verbete, quando a violação é apontada a preceito constitucional. Ou o decidido guarda harmonia com a Constituição, ou com ela se incompatibiliza.

Assim, o óbice previsto no verbete pode ter pertinência apenas quando a interpretação for circunscrita a dispositivo de lei federal e não a preceito da Constituição da República.

O Tribunal Superior do Trabalho, por sua jurisprudência, não tem prescindido da indicação expressa do dispositivo da lei apontado como malferido. A indicação genérica de violação à lei também não tem merecido acolhida pela Corte trabalhista.

Os recursos, interpostos sob o fundamento de violação, que deixam de mencionar expressamente qual o dispositivo de lei afrontado, ou que simplesmente apontam violação genérica à lei sem dizer qual, sempre têm o conhecimento comprometido nos termos da jurisprudência do TST, consubstanciada no item I da Súmula n. 221:

"A admissibilidade do recurso de revista e de embargos por violação tem como pressuposto a indicação expressa do dispositivo de lei ou da Constituição tido como violado".

5.3. Agravo de instrumento

O agravo de instrumento tem previsão na alínea "b" do art. 897 da Consolidação das Leis do Trabalho. Deve ser interposto no octidio legal, contado da data da publicação do despacho agravado, e o seu cabimento no processo trabalhista volta-se apenas para o trancamento dos recursos nos termos da alínea "b" do art. 897.

Após a edição da Lei n. 9.756, de 17 de dezembro de 1998, o Tribunal Superior do Trabalho acabou aprovando a Instrução Normativa n. 16, e que acabou por "uniformizar a interpretação" da referida lei com relação ao agravo de instrumento. A instrução tem o seguinte texto:

"I — O Agravo de Instrumento se rege, na Justiça do Trabalho, pelo art. 897, alínea *b*, §§ 2º, 4º, 5º, 6º e 7º, da Consolidação das Leis do Trabalho, pelos demais dispositivos do direito processual do trabalho e, no que omisso, pelo direito processual comum, desde que compatível com as normas e princípios daquele, na forma desta Instrução.

a) Não se aplicam aos agravos de instrumento opostos antes de 18 de dezembro de 1998, data da publicação da Lei n. 9.756, as disposições desse diploma legal, salvo aquelas relativas ao cancelamento da possibilidade de concessão de efeito suspensivo à revista.

II — Limitado o seu cabimento, no processo do trabalho, aos despachos que denegarem a interposição de recurso (art. 897, alínea *b*, da CLT), o agravo de instrumento será dirigido à autoridade judiciária prolatora do despacho agravado, no prazo de oito dias de sua intimação, e processado em autos apartados.

§ 1º — Revogado.

§ 2º — Revogado.

III — O agravo não será conhecido se o instrumento não contiver as peças necessárias para o julgamento do recurso denegado, incluindo a cópia do respectivo arrazoado e da comprovação de satisfação de todos os pressupostos extrínsecos do recurso principal.

IV — O agravo de instrumento, protocolizado e autuado, será concluso ao juiz prolator do despacho agravado, para reforma ou confirmação da decisão impugnada, observada a competência estabelecida nos arts. 659, inciso VI, e 682, inciso IX, da CLT.

V — Será certificada nos autos principais a interposição do agravo de instrumento e a decisão que determina o seu processamento ou a decisão que reconsidera o despacho agravado.

VI — Mantida a decisão agravada, será intimado o agravado a apresentar contra-razões relativas ao agravo e, simultaneamente, ao recurso principal, juntando as peças que entender necessárias para o julgamento de ambos, encaminhando-se, após, os autos do agravo ao Juízo competente.

VII — Provido o agravo, o órgão julgador deliberará quanto ao julgamento do recurso destrancado, observando-se, daí em diante, o procedimento relativo a tal recurso, com designação de relator e de revisor, se for o caso.

VIII — Da certidão de julgamento do agravo provido constará o resultado da deliberação relativa à apreciação do recurso destrancado.

IX — As peças trasladadas conterão informações que identifiquem o processo do qual foram extraídas, autenticadas uma a uma, no anverso ou verso. Tais peças poderão ser declaradas autenticadas pelo próprio advogado sob sua responsabilidade pessoal. Não será válida a cópia de despacho ou decisão que não contenha a assinatura do juiz prolator, nem as certidões subscritas por serventuário sem as informações acima exigidas.

X — Cumpre às partes providenciar a correta formação do instrumento, não comportando a omissão em conversão em diligência para suprir a ausência de peças, ainda que essenciais.

XI — O agravo de instrumento não requer preparo.

XII — A tramitação e o julgamento de agravo de instrumento no Juízo competente obedecerão à disciplina legal e ao constante dos respectivos Regimentos Internos.

XIII — O agravo de instrumento de despacho denegatório de recurso extraordinário obedecerá à disciplina especial, na forma de Resolução da Suprema Corte.

XIV — Fica revogada a Instrução Normativa n. 06."

O agravo de instrumento se rege, na Justiça do Trabalho, pelo art. 897, alínea "b", §§ 2º, 4º, 5º, 6º e 7º, da Consolidação das Leis do Trabalho, pelos demais dispositivos do direito processual do trabalho e, no que omisso, pelo direito processual comum, desde que compatível com as normas e princípios daquele, na forma desta Instrução.

Não é difícil comprovar que a instrução normativa do Tribunal Superior do Trabalho, a exemplo do que ocorreu com a lei sobre o depósito, representa também o resultado de uma péssima experiência legislativa, que motivou o Poder Judiciário a tentar superar os problemas que dela resultaram e que acabaram refletindo nos jurisdicionados e nos próprios Tribunais.

Muito embora o egrégio Tribunal Superior do Trabalho tenha praticamente tratado do agravo de instrumento de uma forma tão ampla, é importante também fazer o registro do disciplinamento legal, pela Lei n. 8.432/92, que deu nova redação ao § 5º do art. 897 Consolidado, e que passou a exigir que as partes promovam a formação do processo já com a petição de interposição do agravo. É o que dispõe o § 5º do art. 897 da CLT.

O inciso I desse mesmo parágrafo estabeleceu peças obrigatórias que devem instruir a formação do agravo, tais como a cópia da decisão agravada, da certidão da respectiva intimação, das procurações outorgadas aos advogados do agravante e agravado, petição inicial, contestação, decisão originária, comprovação do depósito recursal e do recolhimento das custas.

Já o inciso II do mesmo dispositivo consolidado permitiu ao agravante trazer facultativamente peças que reputar úteis ao deslinde da matéria de mérito controvertida.

Com relação ao traslado das peças, é oportuno salientar que a procuração é peça de traslado obrigatório. Logo, se o advogado do agravante não tiver procuração por se ter caracterizado o mandato tácito, deverá providenciar o traslado do instrumento procuratório, em razão de essa determinação estar contida no inciso I do § 5º do art. 897 da CLT.

Embora se trate de um recurso que não apresenta, em princípio, grandes dificuldades, os índices estatísticos relacionados com o seu provimento são reveladores da necessidade de alguma atenção. A minuta ou as razões do agravo de instrumento não devem ficar adstritas às razões do recurso interposto que teve o processamento obstaculizado pelo M.M. Juízo de Admissibilidade *a quo*. As razões do inconformismo do agravante devem voltar-se para o combate à jurisdicidade do despacho agravado.

O agravo de instrumento não é sucedâneo do recurso trancado e, por isso, seu êxito depende da demonstração inequívoca do desacerto do respeitável despacho, estigmatizado com a comprovação de que o recurso tinha condições de ser processado.

A admissibilidade parcial de um recurso também não permite a interposição de agravo de instrumento, pois o despacho que considera o recurso cabível, com relação a uma das matérias nele discutidas, não impede que o mesmo seja apreciado na sua integral devolutividade. Essa dúvida fez com que alguns advogados procurassem ter mais cautela na "admissibilidade parcial", que não mais subsiste em razão da edição do Verbete sumular n. 285 do TST, que considera imprópria a interposição do agravo de instrumento nessa situação.

Em observância ao princípio do contraditório, o agravado será notificado para oferecer as contra-razões ao recurso principal, em prazo igual ao que tiver o agravante, conforme determina o art. 900 da CLT.

6.4. Agravo de petição

O agravo de petição é recurso previsto pela alínea "a" do art. 897 da CLT, cabível no prazo de oito dias após as decisões do juiz ou Presidente, nos processos de execução.

A finalidade do agravo de petição permite à parte irresignar-se com decisão que aprecia embargos à execução, do devedor ou impugnação do credor.

"Prolatada a sentença de embargos à execução, cientificada a parte, flui o prazo uniforme de oito dias para a interposição".[14]

O octídio legal flui a partir da data em que a parte é cientificada da sentença proferida em embargos à execução. Se já houve depósito *ad recursum*, ou se já houve a penhora de bens, não há que se realizar preparo.

A redação, dada pela Lei n. 8.432 de 11.6.92 ao § 1º do art. 897 da CLT, impôs ao agravante o ônus de delimitar, justificadamente, as matérias e os valores impugnados sob pena de comprometer o conhecimento do recurso. Depois da edição da Lei n. 8.432/92, o agravo de petição passou a ser recebido no efeito devolutivo em razão do disposto na regra geral do art. 899.

6.5. Recurso de embargos

O art. 894 da CLT diz que cabem embargos, no Tribunal Superior do Trabalho, para o Pleno, no prazo de 8 (oito), dias a contar da publicação da conclusão do acórdão, e estabelece pelas alíneas "a" e "b" de que decisões cabem os embargos.

A Lei n. 7.701/88 dispôs que o Tribunal Superior do Trabalho, nos processos de sua competência, fosse dividido em Turmas e Seções especializadas, para a conciliação e julgamento dos dissídios coletivos de natureza econômica ou jurídica, e de dissídios individuais e,

---

(14) GONÇALES, Odonel Urbano e MANUS, Pedro Paulo Teixeira. *Recursos no Processo do Trabalho*. São Paulo: LTr, 1997, p. 123.

também, ao tratar da competência da Seção de Dissídios Individuais, assevera que esta teria competência para julgar os embargos interpostos às decisões divergentes das Turmas, ou destas com decisão da Seção de Dissídios Individuais, ou com súmula, e as que violarem literalmente preceito de lei federal ou da Constituição da República.

Portanto, são estes os embargos a que aludem os arts. 893, inciso I, e 894 da CLT. São os denominados embargos de divergência, pois é por meio deles que, em verdade, se propicia a uniformização da jurisprudência trabalhista. São cabíveis no prazo de oito dias, devendo-se propiciar prazo para à parte contrária apresentar razões de contrariedade, estão sujeitos a preparo e a adequada representação. Não cabem para revolver matéria voltada para o exame de fatos e provas (Súmula n. 126 do TST).

Não cabem embargos, contra decisão de Turma proferida em agravo regimental e em agravo de instrumento, a não ser para o reexame dos pressupostos extrínsecos dos agravos ou da revista respectiva cuja ausência tenha sido declarada originariamente pela Turma do TST no julgamento do agravo de instrumento, conforme orientação da Súmula n. 353 do TST. Outras exceções expressas na Súmula n. 353 são as hipóteses de embargos interpostos a acórdão pelo qual se negou provimento a agravo contra decisão monocrática de relator, por meio da qual se proclamou a ausência de pressupostos extrínsecos de agravo de instrumento e, também, para impugnar a imposição das multas previstas no art. 538, parágrafo único, do CPC e no art. 557, § 2º, do CPC. Não cabem embargos se a matéria estiver superada por Súmula, valendo lembrar que, também, não são cabíveis quando as decisões estiverem superadas por iterativa notória e atual jurisprudência do TST, conforme Verbete n. 333.

Também são exigíveis para os embargos as orientações consagradas na súmula de jurisprudência para o recurso de revista, como aqueles relacionados ao prequestionamento (verbetes ns. 296 e 297) e demonstração de conflito jurisprudencial. É bom ressaltar que, com relação a esses, a divergência trazida a cotejo nos embargos, que permitirá a superação do conhecimento, diz respeito àquelas decisões das Turmas e Seção Especializada em dissídios individuais do TST.

É importante destacar, ainda, que, no que concerne a essa Seção, o TST introduziu modificações por meio da Emenda Regimental n. 3/96, publicada no DJ do dia 26.6.96, que permitiu o seu funcionamento em duas subseções. A mudança almejou, fundamentalmente, o aprimoramento da celeridade dos julgamentos.

A subseção I aprecia embargos, agravos interpostos à decisão monocrática de relator pela qual se nega prosseguimento a embargos com embasamento jurídico nos arts. 557 do CPC e 896, § 5º da CLT e agravos regimentais interpostos a despacho exarado em processos de sua competência.

A outra subseção II tem competência para apreciar ações rescisórias, mandados de segurança, conflitos de competência, recursos ordinários e agravos de instrumentos.

Quando há a tendência de alguma divergência nas decisões das subseções, o que é muito raro em razão de terem competência diversa, a matéria é submetida ao Tribunal Pleno com o objetivo de preservar a uniformidade dos julgamentos.

6.6. Embargos infringentes

A Lei n. 7.701/88, ao estabelecer a competência da Seção especializada de Dissídios Coletivos do TST, acabou incluindo para julgar, em última instância, os embargos infringentes interpostos a decisão não unânime, proferida em processo de dissídio coletivo de sua competência originária, salvo se a decisão atacada estiver em consonância com precedente jurisprudencial do Tribunal Superior do Trabalho ou da Súmula de sua jurisprudência predominante. É o que dispõe a alínea "c" do inciso II do art. 2º do mesmo diploma legal.

6.7. Recurso adesivo

O recurso adesivo pode ser incluído no rol dos recursos trabalhistas. A permissão foi negada durante bastante tempo pela jurisprudência, mas está hoje superado o obstáculo do cabimento por enunciado de súmula da jurisprudência do TST.

A Súmula n. 283 consagra o entendimento de que o recurso adesivo é compatível com o processo do trabalho e que cabe, no prazo de oito dias, nas hipóteses de interposição do recurso ordinário, de agravo de petição, de revista e de embargos, sendo desnecessário que a matéria nele veiculada esteja relacionada com a do recurso interposto pela parte contrária.

O momento de sua interposição se propicia com a publicação do despacho que admite o recurso interposto e, com ele, por conseqüência, também no momento em que a parte contrária é notificada para oferecer razões de contrariedade.

Nos termos da lei processual civil — art. 500 — o recurso adesivo fica subordinado à sorte do principal e a ele se aplicam as mesmas regras do recurso independente quanto às condições de admissibilidade, preparo e julgamento no tribunal superior. Se admitido, terá o primeiro recorrente oportunidade para oferecer razões de contrariedade e, se trancado, poderá a parte socorrer-se de agravo de instrumento que será processado e correrá em anexo ao recurso principal.

6.8. Agravo regimental

Como se vê pela própria denominação, trata-se de modalidade recursal típica dos Regimentos Internos dos Tribunais.

A lei consolidada, por meio do art. 709, § 1º fala no cabimento do agravo regimental contra decisão proferida pelo Corregedor e a Lei n. 7.701/88 também se reporta a julgamento de agravos regimentais quando se refere à competência da Seção de Dissídios Individuais para, em única instância, apreciá-los — art. 3º, inciso III, alínea "c", e última instância, alínea "f" do inciso III do mesmo artigo contra os despachos denegatórios dos Presidentes de Turmas, em matéria de embargos, na forma do Regimento Interno.

É de se registrar que esta última previsão se tornou inócua em razão do disposto no art. 239 do regimento Interno do TST pelo qual se presumiu forma de processamento dos embargos sem a atuação dos Presidentes de Turma na titularidade do laudo de admissibilidade. E a quebra do princípio mais essencial de que todo o recurso passará necessariamente pelo crivo do juízo de admissibilidade. A demasia da simplificação atropelou o impossível, dada a natureza extraordinária do recurso de embargos.

Há na doutrina quem entenda que não constitue propriamente modalidade de recurso. Estão sujeitos a prazo, não são submetidos ao contraditório e nem se sujeitam a preparo. Precisam, no entanto, atender ao pressuposto da capacitação e, também, como o agravo de instrumento, não veiculam a sustentação oral.

7. A UNIFORMIZAÇÃO DA JURISPRUDÊNCIA NOS TRIBUNAIS DO TRABALHO

O adágio popular, tantas vezes pronunciado na voz da infância de que "cada Juiz é uma cabeça e cada cabeça é uma sentença", encerra a máxima da sabedoria popular em torno da expectativa do que ocorre quando uma mesma matéria é submetida a vários juízes.

> "A função de interpretar (a lei), por envolver um juízo de valor formulado pelos homens, não apresenta resultados matematicamente idênticos. As avaliações humanas diferem, conforme a atitude, a formação e os conhecimentos do intérprete".[(1)]

A aplicação do Direito, regra geral, opera-se de uma forma não contenciosa. A legislação, com raras exceções, tem a capacidade de poder prever tudo e, por essa razão, está sempre sujeita a interpretação. A conexão do fato ao Direito, ou vice-versa, é quase sempre um processo bastante complexo e a solução jurídica a ser encontrada induz a um raciocínio ligado a métodos que proporcionam esse processo.

> "Todos sabemos que a atuação de cada julgador é norteada por série de fatores, dentre os quais podemos destacar a formação humanística e a profissional. As sensibilidades multiplicam-se, levando a desinteligências. Involuntariamente, soma-se o gosto pela disputa, acionado pela convicção em torno de idéias, ficando em plano secundário a necessidade de preservar-se a coerência na entrega da prestação jurisdicional. A tudo isto, acresce o fato de a justiça ser obra do homem e, no dizer de *Eliézer Rosa*, sempre o será, não se podendo descartar a possibilidade de ocorrência de equívocos e falhas."[(2)]

O que ocorre no dia-a-dia, em quase todos os tribunais do mundo, como também em nosso País, é que os juízes, ao buscarem a interpretação da lei, acabam manifestando entendimentos diversos acerca de uma mesma matéria. Surge aí a divergência jurisprudencial

---

(1) NASCIMENTO, Amauri Mascaro. *Curso de Direito Processual do Trabalho*. São Paulo: Saraiva, 1989, p. 288.

(2) MELLO, Marco Aurélio Mendes de Farias. "Uniformização da Jurisprudência no âmbito dos Tribunais Regionais do Trabalho". *Revista do Tribunal Superior do Trabalho*, 1985, p. 78.

em torno da interpretação dada a um mesmo dispositivo de lei. Para se encontrar a superação justa da diversidade de teses, deve necessariamente ser escolhido o processo da boa técnica de interpretação.

O juiz, ao proceder à interpretação, deve sentir-se num patamar idêntico, e até mesmo superior, ao do autor da legislação sem, contudo, correr o risco de afrontar outros princípios elementares do Direito.

> "Não é a interpretação jurídica um repensar posterior de algo já pensado, mas um pensar uma idéia até seu último extremo. Parte da interpretação filosófica da lei para remontar-se em seguida por cima dela, como um barco que, em águas do porto, necessita de práticos para ser guiado numa rota marcada e, em seguida, já no mar livre seguir seu próprio rumo, pilotado por um capitão. Conduz através de transações insensíveis interpretações do espírito do legislador a regras que o intérprete há de dispor, como se fora 'o próprio legislador', de acordo com o famoso parágrafo introdutório do Código Civil Suíço. É, por isso, uma mescla inseparável de elementos teoréticos e práticos, cognoscitivos e criadores, produtivos e reprodutivos, científicos e supracientíficos, objetivos e subjetivos."(3)

Miguel Reale destaca a complexidade da metodologia jurídica e refere-se a ela avaliando a complexidade da realidade histórico-social do Direito,

> "que integra normativamente formas de comportamento, o ser social em sentido de *dever-ser*, ou valores, correspondendo a um modo particular da existência humana, considerada esta não apenas em suas relações causais, mas sobretudo segundo os valores que lhe emprestam significado e dos quais resultam exigências normativas".(4).

Não há aqui a intenção de adentrar na profundidade do processo de interpretação jurídica, mas tão-somente recordá-lo com ênfase para a importância e a riqueza que tem, dentro das indizíveis indagações jurídicas que procuram o encontro de proposições mais puras e justas para que o seu exercício possa ser realizado em área mais próspera e justa. Este sistema está inequivocamente vinculado a outros sistemas que lhe justificam a razão de existir.

A nossa legislação consolidada e a legislação superveniente dispuseram expressamente sobre a previsão de meios para alcançar esse

---

(3) RADBRUCH, Gustav. "Filosofia del Derecho". *Editorial Revista de Derecho Privado.* Madrid, 1933, nota 184, p. 148, *apud* STRENGER, Irineu. *Lógica Jurídica.*
(4) REALE, Miguel. *Filosofia do Direito*, p. 151.

desiderato no processo do trabalho e dar cumprimento à missão constitucional que foi legada à egrégia Corte trabalhista pela Carta Magna de 1988.

O processo do trabalho adquiriu, por força do art. 902 da CLT, com a redação que lhe foi dada pelo Decreto-lei n. 8.737, de 19 de janeiro de 1946, a técnica para a uniformização da jurisprudência, na forma de prejulgados que tinham força vinculativa em relação aos demais órgãos do Poder Judiciário trabalhista.

Estes não tiveram vida longa, pois o colendo Supremo Tribunal Federal acabou acolhendo o pedido de declaração de inconstitucionalidade, formulado pela Procuradoria Geral do Trabalho. Em razão dessa decisão, o Tribunal Superior do Trabalho, por resolução administrativa, acabou transformando alguns prejulgados em súmulas, a nova denominação encontrada para a jurisprudência pacificada pelo TST sobre a interpretação da legislação consolidada.

A denominação das súmulas acabou sofrendo uma transformação posterior, e passaram a denominar-se enunciados da Súmula do Tribunal, uma vez que a expressão súmula representava o conjunto da jurisprudência predominante, e cada verbete a síntese da interpretação de dispositivos que expressavam a forma de julgar daquele órgão. Pelo que se observa, a nomenclatura da jurisprudência do Tribunal Superior do Trabalho sofreu, ao longo do tempo, algumas modificações e esse processo não é o resultado de uma inovação legal, mas fruto da própria evolução da jurisprudência. Atualmente os verbetes portadores da jurisprudência pacificada voltaram à denominação de súmulas.

O processo do trabalho dispõe no Tribunal Superior do Trabalho de dois recursos — recurso de revista e embargos — que são processados em dois graus para obter a uniformização das decisões entre Tribunais Regionais do Trabalho e entre as Turmas do TST. O primeiro faz com que o recurso seja julgado pelas Turmas do Tribunal Superior do Trabalho. O outro, perante a Sessão Especializada do mesmo Tribunal.

A Lei n. 9.756, de 17 de dezembro de 1998, que deu a mais recente redação ao art. 896 consolidado, acabou inovando e oferecendo um outro caminho aos Tribunais Regionais do Trabalho para a uniformização da jurisprudência trabalhista. Entre outros dispositivos, introduziu um preceito — § 3º — que tratou de impor aos Tribunais Regionais do Trabalho a obrigatoriedade de uniformização da jurisprudência em âmbito regional.

Com a nova determinação legal, os Tribunais Regionais do Trabalho ficaram vinculados ao procedimento previsto na lei processual civil, pois não há previsão expressa na Consolidação das Leis do Trabalho sobre a uniformização. Anteriormente, já havia previsão legal sobre a uniformização da jurisprudência nos Tribunais Regionais do Trabalho.

O art. 14 da Lei n. 7.701, de 21 de Dezembro de 1988, dispôs expressamente o seguinte:

> "O Regulamento Interno dos Tribunais Regionais do Trabalho deverá dispor sobre a Súmula da respectiva jurisprudência predominante e sobre o incidente de uniformização, inclusive os pertinentes às leis estaduais e normas coletivas".

A Lei n. 7.701, de 1988, enfrentou a necessidade de conter essa previsão, pois, até ao momento de sua edição, os Tribunais Regionais não tinham competência exclusiva para apreciar recurso ordinário com matéria restrita ao âmbito de sua jurisdição. Fê-lo dentro do contexto que lhe proporcionou a razão de ser.

O diploma legal, ao assim dispor, teve como finalidade precípua uniformizar os conflitos nascidos entre as turmas dos Tribunais Regionais do Trabalho nos processos que versavam sobre interpretação em torno de lei estadual, convenção coletiva de trabalho, acordo coletivo, sentença normativa ou regulamento empresarial de observância obrigatória em área jurisdicional, que não excedesse a jurisdição do Tribunal Regional do Trabalho.

Pelo simples princípio da subsidiariedade, a determinação da Lei n. 7.701 não sofria a ameaça da não-observância. Bastava, para o seu cumprimento, que se observasse subsidiariamente a legislação processual civil. Estava expressamente consignado que "O Regulamento Interno dos Tribunais Regionais do Trabalho deverá dispor" (destaque nosso). Não havia razão posterior para reiterá-la em nova legislação com a expressão da obrigatoriedade.

É oportuno que se registre que a Lei n. 7.701/88, embora sofra de uma outra deficiência, deve merecer realce relativamente às causas que envolvem questões inerentes à jurisdição do Tribunal Regional do Trabalho, que não extravasem a jurisdição do Tribunal prolator da decisão. Essa previsão nada mais é que a representação do esforço para encontrar soluções mais céleres para os conflitos jurisprudenciais no âmbito regional.

A "inovação" conferida pela Lei n. 9.756/98, com a devida *venia*, inaperfeiçoada, como mais adiante se verificará, proporcionou inserir na legislação processual do trabalho a uniformização da jurisprudência de decisões oriundas das Varas do Trabalho, existentes na jurisdição da sede do Tribunal Regional do Trabalho, com o fundamento de otimizar o princípio da celeridade.

Com isso, em cada Estado onde exista o segundo grau de jurisdição — há unidades da Federação onde não foram criados Tribunais Regionais do Trabalho, embora haja previsão na Constituição de, pelo menos, um Tribunal por Estado — passou a existir um órgão uniformizador da jurisprudência.

A introdução da uniformização da jurisprudência nos Tribunais Regionais do Trabalho surgiu com a justificativa pouco convincente de enxugar o vazio até então existente.

Não deve haver receio em afirmar que a "novidade legislativa" não teve qualquer utilidade prática de expressão, não só porque já havia previsão a respeito, como também porque não é essa simples uniformização da jurisprudência nos Tribunais Regionais do Trabalho que irá resolver o problema do TST.

Por outro lado, essa superação do conflito de teses no âmbito regional não opera qualquer efeito obstativo ao processamento do recurso de revista, que venha a ser processado para alcançar a palavra final do egrégio Tribunal Superior do Trabalho. Nas hipóteses em que a divergência jurisprudencial envolver julgados de Tribunais Regionais do Trabalho, contrários à Súmula da Jurisprudência Uniforme do Tribunal Superior do Trabalho, o recurso extremo trabalhista é perfeitamente admissível.

A lei teve como principal fundamento a justificativa de tornar a Justiça especializada menos atravancada, mas, por ter sido elaborada sem a preocupação do funcionamento ideal do sistema, esvaziou-se de forma significativa ao deixar de promover o efeito que deveria atingir o todo.

É bom lembrar que a data em que a mesma foi editada compreende o momento mais crucial do período em que se cogitou da extinção da Justiça especializada. Também nessa oportunidade se discutiu muito a reforma do Poder Judiciário, pelos escândalos noticiados pela imprensa.

Foi também a época em que a previsão constitucional sobre a criação dos Tribunais Regionais do Trabalho, inserida na Constituição da República de 1988, com a finalidade de aprimorar o processo da prestação jurisdicional em todo o País, acabou relegada à dúvida, pela eclosão de denúncias gravíssimas levadas a alguns poucos Tribunais, criados após a proclamação da Carta Magna.

A Lei n. 9.756, de 17 de dezembro de 1998, ao dar nova redação ao § 3º do art. 896 da Consolidação das Leis do Trabalho, dispôs o seguinte:

"Os Tribunais Regionais do Trabalho procederão, obrigatoriamente, à uniformização de sua jurisprudência, nos termos do Livro I, Título IX, Capítulo I, do CPC, não servindo a súmula respectiva para ensejar a admissibilidade do recurso de revista quando contrariar súmula da Jurisprudência Uniforme do Tribunal Superior do Trabalho".

Como se observa, o dispositivo sob comento impôs essa obrigatoriedade aos Tribunais Regionais do Trabalho, adotando como procedimento o incidente de uniformização de jurisprudência, previsto nos arts. 476 a 479 do Código de Processo Civil, e repeliu a possibilidade do recurso de revista quando a súmula obtida no Tribunal não contrariar a Súmula da Jurisprudência Uniforme do Tribunal Superior do Trabalho.

A argüição do incidente de uniformização deverá ser apresentada perante a Seção, Turma e Grupo de Turmas, antes do julgamento da causa, por meio de petição fundamentada na existência de divergência jurisprudencial válida, que deverá ser apreciada logo após a leitura do relatório, tendo as partes o direito à sustentação oral.

De ofício, os julgadores poderão suscitá-lo, a não ser que haja vedação regimental, e a tentativa de propicia-lo fora desse período, até mesmo pela afirmação de impossibilidade de comprovação, traz à parte a perda do direito de vê-lo apreciado pela preclusão.

No Tribunal Superior do Trabalho deve ser levado em consideração que o mesmo, embora sujeito à lei processual civil, está também disciplinado no próprio Regimento Interno do Tribunal Superior do Trabalho (art. 156 e parágrafos do RI). O art. 57, por exemplo, declara que a Comissão de Jurisprudência e de Precedentes Normativos realizará reunião quinzenal ordinária, e extraordinária, quando necessário, para deliberar sobre propostas de edição, revisão ou revogação de Súmula ou de Precedentes e dar parecer nos Incidentes de Uniformização.

Em relação à competência, o Regimento Interno do TST também teve o cuidado de tratá-la quando dispôs em seu art. 73 o seguinte:

"À Seção Especializada em Dissídios Individuais compete julgar em Pleno ou dividida em duas Subseções, cabendo:

I — ao Pleno:

a) julgar, em caráter de urgência e com preferência na pauta, os processos que contenham incidentes sobre a uniformização da jurisprudência em dissídios individuais, surgidos nas Turmas, nas Seções ou Subseções, e que tenham determinado a suspensão de outros processos.

Finalmente, o art. 156 faz referência aos dispositivos da lei processual civil, que o regem, na seguinte redação:

"O incidente de uniformização reger-se-á pelos preceitos dos arts. 476 a 479 do Código Processo Civil.

§ 1º O incidente pressupõe a divergência de julgados oriundos de Turmas diversas do Tribunal ou da Seção Especializada em Dissídios Individuais sobre interpretação de regra jurídica, não necessariamente sobre matéria de mérito, podendo resultar, também, da verificação, pelos votos proferidos, de que o Colegiado adotara tese diversa da fixada em julgado prolatado por outro Órgão judicante.

§ 2º O incidente pode ser suscitado por qualquer das partes, pelo Ministério Público do Trabalho ou por qualquer dos julgadores, pressupondo, nos dois primeiros casos, divergência jurisprudencial já configurada.

§ 3º O Ministro somente poderá suscitar o incidente ao proferir seu voto.

§ 4º Quando suscitado pela parte, a petição, devidamente fundamentada, poderá ser apresentada até o momento da sustentação oral, competindo ao Órgão julgador apreciar preliminarmente o requerimento.

§ 5º Verificado o dissídio jurisprudencial pelo Colegiado, cumpre-lhe dar seqüência ao incidente, lavrando o acórdão o Relator do recurso e, se vencido, o Ministro que primeiro tenha se manifestado no sentido da tese vencedora.

§ 6º A determinação de remessa ao Tribunal Pleno é irrecorrível, assegurada às partes a faculdade de sustentação oral por ocasião do julgamento.

§ 7º Será Relator no Tribunal Pleno o Ministro originariamente sorteado; Relator do feito em que se verifica o incidente de uniformização; se vencido, o Redator do acórdão referente ao incidente. Caso o Relator originário não componha o Tribunal Pleno, o feito será distribuído a um dos membros deste Colegiado.

§ 8º Os autos serão remetidos, em primeiro lugar, à Comissão de Jurisprudência, para emissão de parecer e apresentação da proposta relativa ao conteúdo e redação do verbete a ser submetido ao Tribunal Pleno, e, em segundo lugar, serão conclusos ao Relator para exame e inclusão em pauta.

§ 9º As cópias do acórdão, referente ao incidente de uniformização e do parecer da Comissão de Jurisprudência, serão remetidas aos Ministros da Corte, tão logo incluído em pauta o processo.

§ 10. Como matéria preliminar, o Tribunal Pleno decidirá sobre a configuração do dissenso jurisprudencial, passando, caso admitido, a deliberar sobre as teses em conflito.

§ 11. A decisão do Tribunal Pleno sobre o tema é irrecorrível, cabendo ao Órgão julgador, no qual foi suscitado o incidente, aplicar à espécie, quando da seqüência do julgamento, a interpretação fixada.

§ 12. A tese adotada por maioria absoluta no julgamento pelo Tribunal Pleno será objeto de Súmula e constituirá precedente na uniformização da jurisprudência predominante.

§ 13. Exceto na hipótese contemplada no parágrafo anterior, o julgamento da Turma é recorrível, inclusive no tocante à tese adotada pelo Tribunal Pleno, observados os pressupostos de recorribilidade próprios de Embargos".[5]

É simples observar que a legislação não teve o cuidado de enfrentar a matéria e proporcionar-lhe um regramento. No âmbito dos Tribunais Regionais do Trabalho, tratou de remetê-la para o Livro I do Código de Processo Civil e deixou de fazer qualquer referência ao Tribunal Superior do Trabalho. Ora, é exatamente na instância extraordinária que ficará, finalmente, decidido o dissenso jurisprudencial e não se pode desconhecer a dificuldade processual que existe em buscar a reforma da súmula da jurisprudência dos tribunais.

Ele é sempre o resultado da última e de todas as interpretações emprestadas a dispositivo da lei trabalhista. Depois de decidida a orientação jurisprudencial, o recurso extraordinário para o Supremo Tribunal Federal encontrará inúmeros óbices no processamento. A não ser que a interpretação dada a dispositivo da Constituição da República não seja adequada e lhe afronte diretamente a literalidade, o que se poderia afirmar como impossível.

O caminho no Tribunal Superior do Trabalho para a busca da uniformização da jurisprudência, como já foi referido anteriormente, está expresso nos requisitos de admissibilidade previstos pelos arts. 894 e 896 da Consolidação das Leis do Trabalho. Depois da remissão anterior aos dispositivos do Regimento Interno, é sempre recomendável alertar o operador do Direito para a necessidade de consulta ao Regimento Interno do Tribunal para o qual o recurso é endereçado. Esse procedimento, além de adequado, elimina surpresas. A tendência dessa opção é sempre relegada a um outro plano, pois a simples consulta ao instrumento legal acena com a possibilidade do seu perfeito e adequado cumprimento.

Para finalizar, e ainda dentro do contexto discorrido, é de assinalar a força que a jurisprudência assume ao ser editada pelos Tribunais. A dos Tribunais Regionais do Trabalho no âmbito da jurisdição, ainda

---

(5) RA n. 908/2002, publicada no *DJ*, 27.11.2002.

que com orientação diversa de outro Tribunal trabalhista, não é, em princípio, recorrível.

A do Tribunal Superior do Trabalho, seja por precedente, incidente, súmula ou até mesmo aquela firmada na jurisprudência reiterada, tem verdadeiro poder obstativo. Particularmente, deve ser mencionado que nem sempre se lhe atribuiu o seu verdadeiro valor. Nenhum juiz está obrigado a segui-la. Profere a decisão, mantendo incólume o seu ponto de vista e permite à parte a possibilidade de alterá-la.

Esta permissividade, às vezes, gera tratamentos verdadeiramente diversos. Os recursos, mesmo interpostos nessa circunstância e com a possibilidade de poderem promover a mudança do julgado, têm de atender aos pressupostos intrínsecos e extrínsecos, que são um óbice natural ao próprio processamento.

É antiga e longa a discussão sobre o poder da uniformização da jurisprudência, em razão da interferência que acaba promovendo junto aos Magistrados; mas esse processo se encorpou quando se cogitou da criação de um procedimento de uniformização, por meio de súmula que tivesse o poder de vincular as decisões do colendo Supremo Tribunal Federal às decisões proferidas pela Justiça de todo o país.

Surgiram, naturalmente, adeptos fervorosos e opositores que, com muita cautela, sempre tiveram em mente a preservação da liberdade do Magistrado. Opiniões como a do Ministro do Supremo Tribunal Federal, *Marco Aurélio Mendes de Faria Mello*, sintetizam a coerência da corrente de oposição, destacando que:

> "O Direito não é, como disse *Ihering*, teoria pura — é algo vivo, dinâmico. É algo que surge de acordo com o momento cultural que se vive. Por isso mesmo, a lei admite interpretações. E, quando se interpreta a lei, parte-se para a construção em cima da lei, sempre a partir da lei, visando almejar a Justiça. Eu creio que as decisões dos tribunais superiores se impõem pelo grau de convencimento que possuem. E não afastando o que penso, devem ser as maiores qualidades do órgão investido do ofício judicante: a independência e a espontaneidade ao julgar".[6]

Sem dúvida, são absolutamente pertinentes as preocupações em torno da Súmula vinculante, que deveria ficar restrita à única hipótese de *Interesse Público* Transcendente. É publicamente conhecida a desordem que provocou a edição dos planos econômicos, mesmo depois de haver pronunciamentos da colenda Suprema Corte. Uma grande maio-

---

(6) Jornal do Conselho Federal, OAB, Brasília: Ano VII, n. 53, março/abril de 1997, p. 10.

ria dos juízes e Tribunais continuou concedendo as parcelas salariais deles resultantes, embora o Tribunal Superior do Trabalho já tivesse cancelado as Súmulas que consagravam entendimento diverso daquele do Supremo Tribunal Federal.

Toda a sorte de ocorrências processuais fez com que causídicos de todo o país tivessem de buscar antídotos para reverter quadro absolutamente superado pelo que já havia merecido, em última instância, a palavra final.

Ainda hoje, ocorre o julgamento de um número avassalador de ações rescisórias, louvadas no sentimento de se procurar a repartição de igualdade jurisdicional. Não há, na maioria delas, verdadeiramente o fundamento que o art. 485 da lei processual civil, seletiva e responsavelmente, escolheu para desconstituir a coisa julgada.

Entretanto, por motivos inúmeros, não se pode deixar de levar em consideração que há grandes empresas que acabaram tendo que promover tratamento diferenciado, em razão das decisões a favor e contra. Também no Serviço Público, esse fato ocorreu e o silêncio persiste em adormecê-lo.

Resta aqui fazer uma indagação e extrair uma afirmação: se a uniformização da jurisprudência, relativamente à interpretação da lei, tem por certo ascôndita a sua razão de existir e de promover a desordem processual e muito mais a igualdade, como permear-lhe caminhos que possam desvirtuá-la?

Por essa razão, que desperta o alvorecer de primado constitucional, não podem deixar de ser lançadas, com profundidade, reflexões sobre todo o processo e procedimentos que envolvem o sistema de uniformização da jurisprudência.

Há, evidentemente, pequena diferença entre a jurisprudência obstativa e a vinculativa, pois na primeira o julgador não está obrigado a sustentar ponto de vista jurídico do qual diverge. Na outra, fica inexoravelmente vinculado.

A repulsa é maior ao segundo modelo, pois a lei proporciona ao magistrado, na primeira hipótese, continuar decidindo e defendendo o seu ponto de vista. Por outro lado, dá à parte a faculdade de poder modificar a decisão, embora essa preocupação com a independência do magistrado acabe impondo à parte um ônus desnecessário e, ao mesmo tempo, um gasto considerável para o erário público que custeia a Justiça social. O paradigma a seguir mencionado — planos econômicos —, embora evocado para outros exemplos, reflete com fidedignidade essa afirmação. Não é imaginável quanto os cofres públicos despenderam com a movimentação desses processos. A Associação Nacional dos Magistrados da Justiça do Trabalho tem repelido a súmula com efeito vinculante, mas tem entendido que a súmula orientadora é forma democrática de uniformizar a jurisprudência.

O ideal na escolha do processo de uniformização de jurisprudência é aquele que está, inequivocamente, voltado para a permissão do livre exercício da jurisdição e que possibilite, ao mesmo tempo, atender os jurisdicionados tal qual a Constituição prometeu.

8. CONCLUSÃO

O estudo aqui desenvolvido sobre o sistema recursal trabalhista teve por finalidade abarcar a estrutura e a organização do todo, especialmente para permitir uma avaliação mais concreta sobre a localização das partes, sua interação, e possibilitar, finalmente, uma avaliação do comprometimento do seu funcionamento.

Essa missão, reconheça-se, é bastante complexa, para uma avaliação global, em que, evidentemente, repercutem inúmeros outros reflexos resultantes de estudos correlatos mais profundamente inseridos no contexto sociológico.

Registre-se, inicialmente, que no exame dos pressupostos dos recursos há evidências inequívocas das grandes dificuldades técnicas a que estão sujeitos os patronos das partes, oriundas não só do retalho que é o nosso ordenamento processual trabalhista como, também, da própria orientação jurisprudencial.

O ordenamento legal e a construção jurisprudencial, portanto, não pouparam dificuldades a ninguém no acesso ao sistema recursal, confirmando-se a máxima de que o acesso à Justiça do Trabalho se propicia por um grande portal, e o seu alcance mais íntimo se processa por uma meia-porta, com um número significativo de jurisdicionados persistentes e ansiosos pela mudança das decisões de primeiro e segundo graus.

Apenas para fazer uma correlação da afirmação, anteriormente lançada, com o estudo que se ocupa das barreiras que delimitam o acesso à Justiça, é oportuno lembrar que são de vários gêneros os obstáculos que discriminam aqueles que são impedidos de acessar a Justiça, merecendo destaque, dentre outros, os sociais, os culturais e os econômicos, sendo que desses últimos a sociologia da administração da Justiça tem-se ocupado com profunda atenção, exatamente porque são discriminatórios.

Aquilo que o Estado prometeu, aparentemente de forma simples, mediante a prestação jurisdicional, tornou patrões e empregados reféns de um dos maiores males que se abatem sobre a sociedade moderna, isto é, a eternização das ações judiciais nos Tribunais.

A morosidade da prestação jurisdicional, tão mencionada ao longo deste estudo, e que se reflete nas conclusões ora encetadas pela avaliação do sistema recursal, será a legal, ou seja, aquela que é imposta pelo ordenamento jurídico que, evidentemente, poderá servir de parâmetro para análises muito mais profundas de outras situações perfeitamente distintas, entre as quais estaria a "morosidade endógena ao sistema", contrária aos interesses das partes envolvidas na demanda, e a "*funcional*", que tem a ver com os interesses das partes ou, até mesmo, com o interesse de uma delas em prejuízo da outra.

O sistema recursal trabalhista brasileiro apresenta, desde o seu nascimento, ocorrido ainda na via administrativa, um elenco de procedimentos perfeitamente compatível com a coerência lógica e a racionalidade do sistema, não merecendo maiores considerações o número de recursos existentes.

Não é, em definitivo, o número de recursos que proporciona um funcionamento deficiente ou péssimo do Judiciário trabalhista. O atual ordenamento processual disponibiliza, fundamentalmente, recursos regimentais, perfeitamente necessários para corrigir equívocos e algumas distorções monocráticas, o agravo de instrumento, dois recursos dirigidos ao segundo e terceiro graus, e, finalmente, mais outros dois recursos que são os embargos infringentes e os embargos de divergência, contra decisões do Tribunal Superior do Trabalho.

Dos dois dirigidos ao segundo e terceiro graus, o primeiro destina-se a manter incólume o princípio universal do duplo grau de jurisdição, como forma de atender o primado constitucional, e o segundo à instância extraordinária, que tem por finalidade precípua a preservação de outro dispositivo constitucional que justifica a existência do Tribunal Superior do Trabalho, pela atuação uniformizadora das decisões oriundas dos Tribunais do Trabalho.

Esse segundo recurso possibilita o desdobramento dos embargos de divergência. Os embargos infringentes — a serem usados contra decisões não unânimes, proferidas em dissídios coletivos ou em homologações de acordos, destinam-se a veicular o recurso para o colendo Supremo Tribunal Federal.

Na análise do primeiro recurso surgem as questões que traduzem o resultado da edição da lei do rito sumaríssimo, que merece ser revogada para permitir o restabelecimento do dispositivo da Lei n. 5.584/70, que tratava do valor da alçada no Processo do Trabalho.

O restabelecimento do teor desse dispositivo deve consagrar, apenas, um valor que permeie o exercício e a obediência ao princípio que faculta às partes o acesso ao duplo grau de jurisdição, permitindo o afastamento dos recursos protelatórios e abusivos, possibilitando, ainda, o respeito e a proclamação do cumprimento de outro dispositivo constitucional, o que lega ao Poder Judiciário o exercício da função judicante.

Cabe relembrar, por oportuno, que o Processo do Trabalho, em nome da modernização, tem sido alvo de alguns diplomas legais editados às pressas e sempre com a pecha e o pretexto da celeridade.

A Lei n. 9.957, de 13 de janeiro de 2000, que instituiu o procedimento sumaríssimo nas ações trabalhistas, cujo valor não exceda a quarenta salários mínimos, na data do ajuizamento, foi proclamada com a convicção de socorrer as Varas do Trabalho, que representam a verdadeira estiva do Poder Judiciário, pretendendo induzir que a sua aplicação, com a conjugação do fundamento que pretendeu justificar o funcionamento das comissões, minimizaria a demanda pela Justiça do Trabalho.

Para a compreensão da inoportunidade da edição dessa lei basta, apenas, o registro da nossa falta de tradição na negociação, decorrente da falta de barganha do hipossuficiente explorado.

Esse fato, associado evidentemente à catástrofe da corrupção que se abate sobre todo o planeta, fundamenta a preocupação que alguns técnicos da área especializada, mais céticos com a medida tomada, tiveram com a criação das comissões, reconheça-se, perfeitamente justificada pelas recentes e constantes denúncias formuladas, inclusive pela imprensa, e alvo de averiguações por parte do Ministério Público.

A lei do rito sumaríssimo repete mal alguns procedimentos previstos na Consolidação das Leis do Trabalho, reafirmando práticas já consagradas pelas Varas, como a audiência una, e inviabiliza, quiçá propositalmente, o *jus postulandi*.

O diploma que instituiu o rito sumaríssimo, no que se refere ao valor da causa, provocou e continua sendo o responsável por inúmeras celeumas, pois é o valor da causa que propiciará, ou não, o rito da reclamação.

Não é compreensível um rito diverso para os feitos que se processam na Justiça do Trabalho, pois as ações nela ajuizadas voltam-se sempre para o pedido de parcelas de natureza alimentar.

É inimaginável a dificuldade que um operário encontra para reclamar por escrito. Por outro lado, se a sua postulação for tomada a termo, imagine-se a dificuldade em aperfeiçoar-se técnicos da própria Justiça do Trabalho, levando em consideração as dificuldades que os profissionais da área do direito especializado têm encontrado.

O legislador, imaginando uma pseudodefesa da celeridade processual, proporcionou exatamente na impugnação ao valor da causa a sua inversão, em detrimento da economia processual, pois, hoje, para o reclamado fugir do rito sumaríssimo basta que o patrono do reclamado fique inerte ou o impugne mas, quase sempre e tão só, em favor da circunstância que o venha beneficiar.

Considere-se que, com a edição desse diploma legal, para satisfazer o requisito do prequestionamento explícito, exigido com rigor pela Jurisprudência do Tribunal Superior do Trabalho e do Supremo Tribunal Federal, para o recurso de revista e o recurso extraordinário, a simples ausência de uma decisão escrita, em segundo grau, irá proporcionar um volume considerável de embargos declaratórios nas Varas do Trabalho.

É que, para levar a discussão de qualquer matéria à sede extraordinária, as partes o fazem em primeiro grau ou, então, estarão sujeitas aos efeitos nefastos da preclusão.

Relativamente aos prazos, a novel legislação do rito sumaríssimo se apresenta fantasiosa, pois dá ao relator um prazo de dez dias e impõe ao Ministério Público do Trabalho, que não atua em primeiro grau, a manifestação oral sobre o processo, em Sessão do Tribunal.

Ora, não é crível que o Ministério Público tenha oportunidade em Sessão para ver todos os processos, que estão em pauta, ou que tenha oportunidade para manifestar-se sobre aqueles que requeiram a sua manifestação.

O *Parquet* está impedido de dar cumprimento à própria determinação da Constituição da República, que lhe impõe a obrigação de fiscalizar o cumprimento da lei, e se o faz nessas circunstâncias é, possivelmente, para não ser o algoz de todo o retardamento dos feitos em curso nos Tribunais do Trabalho, em face do evidente interesse público que defende, pois não pode fazê-lo, no mínimo, de forma adequada e com absoluta segurança.

A lei mascara as estatísticas das ações ajuizadas perante a Justiça do Trabalho com os constantes arquivamentos e dá margem a inúmeras dúvidas que propiciarão longos desdobramentos nos Tribunais Regionais do Trabalho, até haver pronunciamento uniformizador da jurisprudência.

A melhoria do sistema recursal, que pode ser introduzida para aperfeiçoar o funcionamento do primeiro grau, está afeta, tão-somente, ao restabelecimento do dispositivo da Lei n. 5.584/70, relacionado com o valor da alçada e à necessidade de se exigir fundamentos para o recurso ordinário.

Já a análise realizada sobre as inter-relações do segundo grau e o Tribunal Superior do Trabalho acusa uma avaliação estatística detentora de um volume expressivo de processos, reconheça-se profundamente assustador e ameaçador para a melhoria das relações entre capital e trabalho, e que sempre tem servido de fundamento às impressionantes razões dos que, pressentindo as causas das deficiências do sistema, ao invés de buscarem localizar-lhe as origens, que dificultam a interação, ou encontra em soluções para a adequada reorganização do sistema, preferem de forma simplista propor o fim da Justiça do Trabalho.

Por uma análise cuidadosa do funcionamento do sistema recursal se conclui, sem grande complexidade, que o elevado índice estatístico apresentado pelo Tribunal Superior do Trabalho revela, em si, um atravancamento que representa mácula às estruturas do sistema e o faz divorciar-se da idealização de acesso mais contido e eficiente do último grau da Justiça do Trabalho.

Avançando no percurso da reorganização das estruturas do sistema, é oportuno, inicialmente, indagar-se sobre o que fazem mais de duzentos mil processos no Tribunal Superior do Trabalho, Corte cuja existência, afirme-se, e disso ninguém tem dúvida, é justificada apenas pela atuação uniformizadora que lhe foi atribuída pela Constituição.

Como resposta poder-se-ia obter, sem margem para qualquer erro, com a afirmação feita na parte final da indagação, que esses processos estão no Tribunal Superior do Trabalho, aguardando ou tentando unicamente com o seu julgamento, um pronunciamento uniformizador, pois é sabido que o recurso de revista, pela natureza extraordinária que possui, tem devolutividade restrita e não se presta a corrigir a injustiça do acórdão que o motivou.

Então, o problema relacionado ao elevado número de processos, sem pronunciamento definitivo na Justiça do Trabalho, e que estão em depósito no Tribunal Superior do Trabalho, resulta de deficiências existentes na estrutura do próprio processo de uniformização da jurisprudência.

Essa afirmação se deve ao fato de que, no Tribunal Superior do Trabalho, para que o recurso possa alcançar a possibilidade de uniformização encontra um outro recurso, o recurso de embargos, previsto pelo art. 894 da Consolidação das Leis do Trabalho, cujo cabimento está adstrito às hipóteses em que houver decisões de Turmas contrárias à letra da lei federal e divergentes entre si.

Ora, é exatamente aqui que reside o grande problema e o grande óbice que impede o adequado funcionamento do Tribunal Superior do Trabalho e que compromete o processo uniformizador da jurisprudência.

A Lei n. 9.756, de 1998, editada exclusivamente com a finalidade de tornar o sistema mais célere e eficiente, ao dar nova redação ao art. 896 da Consolidação das Leis do Trabalho, determinou aos Tribunais Regionais do Trabalho a obrigatoriedade de proceder à uniformização da jurisprudência, deixando, entretanto, de dar atenção às inter-relações do sistema, sem analisar seus desdobramentos ou tentar minimizar o volume de feitos remetidos ao Tribunal Superior do Trabalho. Ao assim proceder, perdeu a oportunidade de reorganizar o todo.

E como seria reorganizar o todo? Seria dotá-lo de mecanismos que permitissem o seu funcionamento regular.

Isso não importaria em grandes ou profundas mudanças. Bastaria tão-somente que tivesse proporcionado ao recurso de revista, e dentro do modelo que pretendeu adotar, um outro desenvolvimento procedimental, na instância *ad quem* com outra seqüência lógica.

Era necessário que tivesse proporcionado um outro processamento, inequivocamente voltado para a vinculação racional que criou e que permitisse desdobramentos na instância seguinte daquilo que representaria a tão ansiada celeridade na última instância.

E se pode indagar qual seria o passo que permitiria um processamento mais célere dos feitos? Bastaria, simplesmente, que tivesse sido conferida uma outra redação ao art. 896 da Consolidação das Leis do Trabalho que previsse o cabimento do recurso extremo trabalhista, nas hipóteses de violação à literalidade da lei ou à Constituição da República e para as outras hipóteses de divergência de teses, decorrentes da interpretação dada à lei na uniformização de jurisprudência entre Tribunais Regionais do Trabalho, ou contrárias à orientação jurisprudencial consagrada pela Súmula da Jurisprudência do Tribunal Superior do Trabalho.

A lei, ao impor aos Tribunais Regionais do Trabalho a obrigatoriedade da uniformização de sua jurisprudência, não teve o cuidado de envolver essa uniformização, de força obstativa perfeitamente compreensível para a sua criação, e por isso não lhe proporcionou efeito expressivo.

Essa "criação" legal, em verdade, não representa qualquer novidade, pois, como já afirmado, ela nada mais fez do que impor a obrigatoriedade na determinação prevista pela Lei n. 7.701/78.

O tom da imposição, previsto na segunda Lei n. 9.756/98, foi ditado evidentemente com o sentido de pôr em prática a determinação da Lei n. 7.701/88, uma vez que, inicialmente, sua criação não encontrou força obstativa nem obteve grande repercussão no sistema, porque destituída de qualquer utilidade prática.

A imprescindível mudança, que poderá proporcionar uma significativa melhoria para a prestação jurisdicional trabalhista, portanto passa necessariamente pela reorganização do sistema, mediante uma alteração inequívoca da redação dada ao artigo 896 da Consolidação das Leis do Trabalho.

A permissão para o trâmite do recurso de revista deve limitar o seu cabimento, em razão da determinação da uniformização da jurisprudência nos Tribunais do Trabalho.

O recurso de revista deverá ficar restrito apenas às situações de violação à literalidade da lei, ou de ofensa à Constituição da República e àquelas hipóteses em que as decisões dos Tribunais Regionais do Trabalho forem proferidas em contrariedade às Súmulas do Tribunal Superior do Trabalho, ou quando houver conflito de teses na uniformização da jurisprudência entre Tribunais Regionais do Trabalho.

A mudança na redação do art. 896 da Consolidação das Leis do Trabalho, que poderá proporcionar esse aprimoramento do processamento dos feitos na Justiça do Trabalho, não está, no entanto, desvinculada de um outro procedimento que haverá, necessariamente, de merecer tratamento por lei.

Os incidentes de uniformização da jurisprudência nos Tribunais do Trabalho tiveram tratamento dispensado pela lei processual civil, pois a própria lei trabalhista, que os previu, fez referência expressa à subsidiariedade da norma da lei processual civil.

Com relação à uniformização, por meio da Súmula do Tribunal Superior do Trabalho, deverá a lei traçar-lhe o processamento, proporcionando às partes o procedimento inerente ao amplo direito de defesa, bem como a garantia do conseqüente pedido revisional.

O processamento da uniformização da jurisprudência no Tribunal Superior do Trabalho tem merecido tão-somente tratamento regimental. A sua evolução, nos últimos anos, tem revelado um aperfeiçoamento surpreendente. A formalização dos respectivos processos, que deram origem às súmulas do Tribunal Superior do Trabalho, foi realizada na história recente do Tribunal.

Torna-se necessário, portanto, que o legislador transforme esse processo absolutamente compatível com a mudança introduzida.

Quando for uníssona a uniformização da jurisprudência entre os Tribunais Regionais do Trabalho, evidentemente, não haverá de ocorrer qualquer tipo de preocupação, pois, se não há conflito de teses, não há necessidade de uniformizar o que já está uniforme.

O recurso de embargos de divergência não se justifica no Tribunal Superior do Trabalho, pois provoca inúmeros desdobramentos negativos, que atravancam o processo de uniformização da jurisprudência.

Por outro lado, ante a conclusão de que a reorganização do sistema permite o funcionamento aperfeiçoado do mesmo, sem o respectivo recurso, faz com que a sua permanência se esvazie e perca o objeto.

O recurso de embargos infringentes não proporciona sevícia ao sistema, nem sobrecarrega o Tribunal Superior do Trabalho em termos de volume processual. É restrito a um contingente de processos inexpressivo e mantém incólume o princípio que alberga a sua razão de existir.

Com essa possibilidade de dotar o sistema de mecanismos mais aperfeiçoados, pelas alterações introduzidas ao processo especialmente pela uniformização da jurisprudência no Tribunal Superior do Trabalho, o processamento dos feitos terá oportunidade de veicular aquilo que se espera verdadeiramente, que é a celeridade na prestação jurisdicional.

Os incidentes de uniformização da jurisprudência no Tribunal Superior do Trabalho só terão lugar entre as sessões de julgamento na apreciação de dissídios individuais e coletivos, permitindo que a Corte uniformizadora repense questões muito mais voltadas para os problemas que vêm rondando o Judiciário trabalhista.

Não haveria necessidade de imprimir mudanças na composição da Corte extraordinária trabalhista e tampouco seria necessário o preenchimento das vagas deixadas pelos representantes classistas. A anterior composição era suficiente para oferecer a prestação jurisdicional em período desejável e com a qualidade que, inevitavelmente, a mudança poderá proporcionar aos Ministros e ao apoio técnico-administrativo.

O aumento da composição do Tribunal Superior do Trabalho ocorrido com a promulgação da Emenda Constitucional n. 45/2004, lamentavelmente, acabou, mascarando alternativas que seriam mais benéficas e úteis ao Brasil. É de indagar. O que melhorou a não ser o aumento da despesa, em prol de nada.

As estatísticas revelam que nem a convocação de juízes dos Tribunais Regionais do Trabalho, nos moldes em que ocorreu, por período tão longo e injustificável, perante a permissão constitucional, repele qualquer tentativa nesse sentido.

A forma como os processos são julgados, por lote e apostila, mascara as estatísticas, pois os feitos são decididos sem a segurança que deve ser propiciada na prestação jurisdicional.

Se mantida a anterior composição do Tribunal Superior do Trabalho, afastando-se em definitivo a possibilidade de preenchimento das vagas resultantes da exclusão dos representantes classistas, o resultado inquestionável seria a tão almejada diminuição das despesas públicas em todos os níveis da Justiça Trabalhista.

Mesmo se consideramos a nova composição do TST, não há dúvidas sobre a necessidade de uma solução urgentíssima para o grave problema que se abate sobre a Justiça do Trabalho, o qual repercute estatisticamente no Tribunal Superior do Trabalho. Êxito poderá ser alcançado adotando-se medidas extremamente simples, não onerosas e não prejudiciais aos interesses mais elementares dos trabalhadores.

Percebem-se nitidamente, nas últimas avaliações realizadas em torno das estatísticas da Justiça do Trabalho, sinais de alarme, que recomendam a imediata adoção de providências imprescindíveis à reformulação sistêmica, com vistas ao seu rápido aperfeiçoamento.

Mais de duzentos mil feitos aguardam soluções no Tribunal Superior do Trabalho e esse absurdo volume de processos poderá ser extremamente reduzido, com manifesta segurança e sem o receio de voltar a assumir patamares de crescimento que comprometam a função do Órgão judicante.

O dado estatístico é, sem dúvida, revelador das dificuldades que o sistema atravessa, assim como de sua profunda repercussão no funcionamento do Tribunal Superior do Trabalho, o que impede, ao mesmo tempo, que as lides alcancem soluções definitivas.

A sociedade deve pagar o ônus por contar com uma Justiça social que atenda às finalidades de sua criação, entretanto, não só porque paga, mas também pelo que paga, tem o direito de exigir o seu adequado funcionamento, que significa a entrega da prestação jurisdicional em tempo razoável e, sobretudo, com a segurança da qualidade.

A garantia de uma justiça verdadeiramente eficiente é perfeitamente compatível com a democracia e o Estado de Direito, constitucionalmente assegurados.

Não será a transferência dos processos trabalhistas para outro ramo do Poder Judiciário que facultará o aprimoramento da relação entre capital e trabalho, ou que propiciará o alívio ou o fim dos processos, pois é bem conhecida a sensibilidade dos juízes do trabalho com relação às causas sociais, exatamente porque desenvolveram na militância dessa área do Direito especializado uma outra intuição social, que não é própria de outros ramos do Poder Judiciário.

Tanto isso é verdade que pela promulgação da Emenda Constitucional n. 45, de 8.12.04, não só foi mantida a competência da Justiça do Trabalho como, também, foi ela ampliada conforme previsão contida no art. 114 e incisos da Constituição Federal.

Com a nova redação do art. 114 da Constituição Federal, deixou de existir a preocupação com a possibilidade de sobrecarga de qualquer outra área do Poder Judiciário, pela migração da avalanche de feitos que se encontra na Justiça do Trabalho, para os que acreditavam que essa proposta seria a ideal.

Também deverá fazer presumir o mínimo de responsabilidade pela possibilidade latente do possível declínio ou pelas justificativas injustificáveis do mau funcionamento do ramo, a que for destinado esse ônus, sendo válido refletir-se, a propósito, sobre qual dos outros ramos tem sobrevivido sem que tivesse sido vítima da pecha da morosidade.

Ficou, assim, confirmado que não seria a simples extinção do Tribunal Superior do Trabalho que alimentaria o princípio da adequada prestação jurisdicional, pois as decisões oriundas dos Tribunais Regionais do Trabalho, quando se apresentarem conflitantes, precisam ser submetidas a um Órgão uniformizador.

Se acatada a proposta anterior, a simples transformação do Tribunal Superior do Trabalho em Turma do Superior Tribunal de Justiça repercutiria, num futuro breve, no próprio Tribunal Superior de Justiça.

Essa proposta teria alguns fundamentos iniciais válidos a lhe darem suporte, mas não se sustentaria posteriormente pois, à medida que esses Ministros oriundos da Justiça especializada fossem se aposentando, o Órgão Uniformizador ficaria desprovido da característica que envolve os operadores do Direito com formação técnica bem distinta.

Ainda que assim não fosse, haveria uma cisão na competência para a apreciação dos feitos, os quais teriam início na Justiça do Trabalho e, em fase recursal extraordinária, terminariam seus percursos em Tribunal não especializado.

Por entre tantas reflexões, por tanta vontade de servir aos miseráveis e aos injustiçados, por tanta urgência em reconhecer a Justiça aos justos, tantas e tantas vezes odiados, divido o enigma sobre o que teria inspirado ou sentido a poeta *Cecília Meireles* na reflexão do poema "ROMANCE LXXXI OU DOS ILUSTRES ASSASSINOS", a seguir transcrito *in verbis*:

Ó grandes oportunistas
Sobre o papel debruçados,
que calculais mundo e vida
em contos, doblas, cruzados,
que traçais vastas rubricas
e sinais entrelaçados
com altas penas esguias
embebidas em pecados!

Ó personagens solenes
que arrastais os apelidos
como pavões auriverdes
seus rutilantes vestidos,
todo esse poder que tendes
confunde os vossos sentidos:
— a glória, que amais, é desses
que por vós são perseguidos.

Levantai-vos dessas mesas,
saí das vossas molduras,
vede que masmorras negras,
que fortalezas seguras,
que duro peso de algemas,
que profundas sepulturas
nascidas de vossas penas,
de vossas assinaturas!

Considerai no mistério
dos humanos desatinos,
e no pólo sempre incerto
dos homens e dos destinos!
Por sentenças, por decretos,
parecerÍeis divinos:
- e hoje sois, no tempo eterno,
como ilustres assassinos.

Ó soberbos titulares,
tão desdenhosos e altivos!
Por fictícia austeridade,
vãs razões, falsos motivos,
inutilmente matastes:
— vossos mortos são mais vivos;
e, sobre vós, de longe, abrem
grandes olhos pensativos.[1]

---

(1) MEIRELES, Cecília. *Obra Poética*. Rio de Janeiro: Nova Aguilar, 1987, p. 540.

BIBLIOGRAFIA
Obras Consultadas

PARA METODOLOGIA

ALMEIDA, Glaura Maria Oliveira Barbosa, MARQUES NETO, José Castilho. *Normas para publicações da UNESP.* São Paulo: UNESP, 1994.

ECO, Humberto. *Como Se Faz Uma Tese.* São Paulo: Perspectiva, 15ª ed., 2000.

NUNES, Luiz Antonio Rizzatto. *Manual da Monografia Jurídica*, São Paulo: Saraiva, 1997.

SEVERINO, Antônio Joaquim. *Metodologia do Trabalho Científico.* São Paulo: Cortez, 22ª ed., 2002.

TANAKA, Ana Cristina D'Andreta; PHILLIPI, Sonia Tucunduva; PEREIRA, Isabel Maria Bicudo, *et al. Guia de Apresentação de Teses.* São Paulo: EDUSP, 1998.

VIEGAS, Waldyr. *Fundamentos de Metodologia Científica.* Brasília: UNB, 2ª ed., 1999.

PARA O TEMA

BATALHA, Wilson de Souza Campos. *Tratado de Direito Judiciário do Trabalho.* São Paulo: LTr, 1977.

BRESCIANI FILHO; D' OTTAVIANO. *Conceitos Básicos de Sistema.* Campinas: UNICAMP, 2000.

BUCKLEY, Walter. *Sociologia e a Moderna Teoria dos Sistemas.* São Paulo: Cultrix/Editora da Universidade de São Paulo.

COSTA, Coqueijo. *Direito Judiciário do Trabalho.* Rio de Janeiro: Forense, 1978.

______. *Ação Rescisória.* São Paulo: LTr, 1981

DELATTRE, Pierre. *Teoria dos Sistemas e Epistemologia.* Lisboa: A Regra do Jogo Editora, 1981.

DINAMARCO, Cândido Rangel. *Fundamentos do Processo Civil Moderno.* Editora Malheiros, 2000.

DINIZ, José Jangüiê Bezerra. *Os Recursos no Processo Trabalhista Teoria, Prática e Jurisprudência.* São Paulo: LTr, 1999.

FERREIRA, Aurélio Buarque de Holanda. *Novo Dicionário da Língua Portuguesa*, Rio de Janeiro: Nova Fronteira, 1ª ed. 14ª impressão.

GIGLIO, Wagner D. *Direito Processual do Trabalho*. São Paulo, Saraiva, 1997.

GONÇALES, Odonel Urbano e MANUS, Pedro Paulo Teixeira. *Recursos no Processo do Trabalho*. São Paulo, LTr, 1997.

LAMARCA, Antonio. *Processo do Trabalho Comentado*. São Paulo: Revista dos Tribunais, 1982.

LIMA, Alcides de Mendonça. *Recursos Trabalhistas*. São Paulo: Revista dos Tribunais, 1970.

_____. *Sistema de Normas Gerais de Recursos Cíveis*. Rio de Janeiro-São Paulo, 1963.

MEIRELES, Cecília. *Obra Poética*. Rio de Janeiro: Nova Aguilar, 1987.

MACIEL, Jarbas. *Elementos de Teoria Geral dos Sistemas*. Rio de Janeiro: Vozes, 1974.

MEIRELLES, Edilton. *Procedimento Sumaríssimo na Justiça do Trabalho*. São Paulo: LTr, 2000.

NASCIMENTO, Amauri Mascaro. *Curso de Direito Processual do Trabalho*. São Paulo: Saraiva, 2001.

NERY JUNIOR, Nelson. *Princípios Fundamentais — Teoria Geral dos Recursos*. São Paulo: Revista dos Tribunais, 5ª ed., 2000.

REALE, Miguel. *Filosofia do Direito*. São Paulo: Saraiva, 1972.

SANTOS, Boaventura de Sousa. *Os Tribunais nas Sociedades Contemporâneas: o Caso Português*. Lisboa: Edições Afrontamento.

SILVA, Antônio Álvares. *Questões Polêmicas de Direito do Trabalho*. São Paulo: LTr, 1993, v. III.

TABENCHLAK, James; BUSTAMANTE, Ricardo Silva de (Org.). *Livro de Estudos Jurídicos*. Rio de Janeiro: IEJ, 1994.

TEIXEIRA FILHO, João de Lima. *Repertório de Jurisprudência Trabalhista*, Rio de Janeiro: Freitas Bastos, v. 6, 1989.

TEIXEIRA FILHO. Manoel Antonio. *Sistema dos Recursos Trabalhistas*. São Paulo: LTr, 1995.

Artigos de Revistas e Jornais

BARROS JÚNIOR, Cássio de Mesquita. "Sistema de Recursos no Processo do Trabalho". *Revista LTr*. Vol. 54, n. 9, 9/1990.

COSTA, Diana. "Recurso de Revista: Inteligência da Alínea "b" do art. 896 da Consolidação das Leis do Trabalho". *Revista LTr*. Vol. 56, n. 3/1992.

DIAS, Luiz Cláudio Portinho. *Aspectos Essenciais do Prequestionamento na Justiça do Trabalho*. <http: extranet.trt.12.gov./br>.

FERRAZ JÚNIOR, Tércio Sampaio. "Transcendência, uma Resposta Política à Morosidade da Justiça". *Revista do Superior Tribunal do Trabalho*. Vol. 69, 2001.

GIGLIO, Wagner D. "Depósito Recursal, Alterações Decorrentes da Lei n. 8.177". *Suplemento Trabalhista LTr*, XXVII, 1991.

MAGANO, Octavio Bueno. "Crise no Judiciário de Direito do Trabalho". *O Estado de S. Paulo*. Caderno de Economia, 19.5.1997.

MAIA, Jorge Eduardo de Sousa. "O Juízo de Admissibilidade no Processo do Trabalho". *Revista do Ministério Público do Trabalho,* ano II, n. 4 de setembro de 1992, pg 22 a 24.

______ *Considerações Sobre o Principio da Transcendência no Sistema Recursal Trabalhista* <http://www.anpt.org.br/biblioteca/artigos/artigos.cfm>. Acesso em 7/Janeiro/2003.

MELLO, Marco Aurélio Mendes de Farias. "Uniformização da Jurisprudência no Âmbito dos Tribunais Regionais do Trabalho". *Revista do Tribunal Superior do Trabalho*, 1985, p. 78.

VARGAS, Luiz Alberto; FRAGA, Ricardo Carvalho. "Fatos e Jurisprudência — Reflexões Iniciais". *Revista Síntese Trabalhista*, n. 123, 9/1999.

Produção Gráfica e Editoração Eletrônica: WTJ
Capa: ELIANA C. COSTA
Impressão: VIDA E CONSCIÊNCIA